大切な人への愛の伝え方

褒める、認める、信じ切る、愛すること～

植木祐子

みらいパブリッシング

まえがき

あなたは、
愛されるために
生まれてきた

『あなたは、褒められたことがありますか？』

『褒められたいと思ったことはありますか？』

以前の私は、
『ゆうちゃん、大好きだよ。』
『ゆうちゃん、優しいね。』
『ゆうちゃん、素敵だね。』
と言葉で褒めて欲しかった。そういう言葉を求めていたように思います。

子どもの頃の私は、日々の暮らしの中で、両親からの愛は感じているのに、どうしても言葉で褒めてほしかった。言葉で褒められたかったのです。そのことは、大人になるまで、自分の心のどこかに深く深くしまい込んでいました。しかし、その心の奥底にしまい込んでいた思いが、私の人生に起きた、ある出来事をきっかけに溢れ出しました。

私は19年前、離婚を経験しました。当時3歳になる息子がいました。家も建て、順風満帆な生活をしていた私でしたが、その生活は音をたてて崩れていきました。それと同時に自尊感情を傷つけられる出来事がたくさんあり、どんどん自信をなくしていきました。

元来は、ポジティブで、楽観的で、笑顔で、根拠のない自信を持っていた私が、こんなにも自分に自信がなくなってしまった。その時の私は、自分自身が大嫌いでした。自分なんて誰からも必要とされない人間なのではないかと、自信がない感情に、押し潰されそうになるときもたくさんありました。


短大の保育科を卒業してから、夢だった幼稚園の先生をしていた私は、子ども達の自己肯定感をあげるために、「めいっぱい子ども達を愛して。」と、ママたちや若い先生方に伝えてきました。自信のない感情が出てきてしまう自分が嫌で、大好きな子ども達には自分を大好きでいて欲しかったからです。自分を大好きになることと、自分って素晴らしいと、子ども達には素直に思って欲しかったのです。私は23年間、のべ3000人の子ども達とママたちに、「ありのままのあなたが素晴らしい。」と伝え続けてきました。

幼稚園教諭のお仕事を卒業した現在は、『褒める、認める、信じ切る、愛すること』や、『自分を愛すること』について、講座や講演会を通して、みなさんにお話させていただいております。

この本は、手にとってくださった方が笑顔になって、心がほっこりしたり、「自分ってステキ！」と思ってもらえたらと思い書きました。幼稚園教諭として、一人の人間として大切にしてきた4つのこと、『褒める、認める、信じ切る、愛すること』をお伝えしたいと思います。

自分を愛することの素晴らしさを
そして、あなたの大切な人を愛する素晴らしさを感じてほしい。

【大切な人への愛の伝え方】

この本を手にしてくださったあなたへ。そして、あなたの大切な人へ。
私からの魂を込めた言葉のプレゼントを、ぜひ受け取ってください。
たくさんの神様の愛がみなさんに降り注ぎますように。

目次

第二章　褒める

第三章　認める

第四章

信じ切る

第五章

愛すること

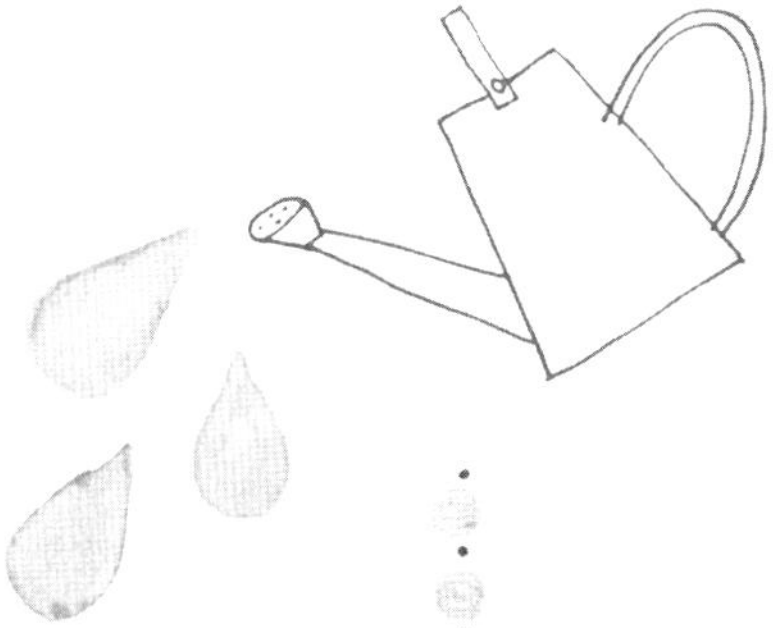

序章

自分は誰からも好きになってもらえない

誕生そして幼稚園の先生として夢のスタート

みなさん、こんにちは。植木祐子です。私という人間について初めにお話します。

私は、北海道札幌市に生まれました。いつもニコニコ笑っていた私の幼稚園の時のあだ名は**『スマイルちゃん』**。スマイルマークのようにまん丸で、にっこり笑顔がチャームポイントでした。３人きょうだいの長女として育った私は、妹や弟、近所の子ども達と遊ぶのが大好きでした。祖母がキリスト教保育を行う幼稚園の園長だったこともあり、子どものころの遊び場は、いつも幼稚園の中庭。小さな子ども達の面倒をみるのが大好きな、母性のとても強い女の子でした。

子どもの頃からの夢は、『幼稚園の先生になること』。それに向かって、一途に勉強や遊びを謳歌した学生時代でした。夢を叶えるために進学先を直感で決めた私は、担任の先生の心配をよそに「ここしか受けません」と宣言。「絶対にこの大学で幼稚園の先生になる」と決めていたのでした。

『直感と行動力、そして、どこからくるのかわからない根拠のない自信』。それが、私の持って生まれた神さまからの賜物、私のセールスポイントなのではないかと思っています。

しかし、それとは反対に涙もろいところもあり、感情があふれて泣いてしまう泣き虫の私もいました。人になにかを言われると、表面では笑い、実は心で泣いている。そんな弱い人間でもありました。

無事に幼稚園の先生になる夢を叶えた私は、23年間、幼稚園教諭として大好きな子ども達と過ごしてきました。幼稚園の先生としての毎日は本当に幸せで、今でもかけがえのない思い出です。私にとって幼稚園の先生のお仕事は、神様が与えて下さった天職だと今でも思っています。たくさんの笑顔と愛がいっぱいの毎日に感謝していました。

挫折、離婚。そして退職

ところが19年前、人生のどん底を味わうことが起こりました。それは、夫の失踪。まさか自分の人生に、そんなドラマみたいなことが起こるとは夢にも思いませんでした。

当時の私は、息子の誕生と共に幼稚園を退職し、大好きな夫と夫のご両親との2世帯住宅も建てて、順風満帆の家庭生活を送っていました。2人目の子どもを流産するなどの悲しみも乗り越えて、これからという時に、仕事のストレスからの夫の失踪でした。夫の帰りを待つ間、毎日泣いて過ごしました。一週間後、夫は無事に帰ってきましたが、息子と私自身のことを考え、私が一人で育てていくことを決断しました。その後、私達は、それぞれの道を歩むことを決めました。彼が生きて帰ってきてくれたことには、本当に感謝しています。無事に帰ってきてくれたからこそ、今という時を、私と息子が笑顔で生きることができていると思っています。

しかしこれは私にとって、人生の大きな転機となりました。

私は、当時31歳。その時、息子は3歳でした。不安の渦に飲み込まれそうな毎日、どうしたらいいのかと泣いて暮らしていたように思います。

『このままではダメだ……』

私が、笑顔で生きていくことが、かけがえのない宝物である息子の笑顔を守るために、絶対的に必要なことだと思い、息子の笑顔を守るために、自分自身の笑顔を守ることを決意しました。

生活が一変し、愛を伝える相手との別れによって、私は、人を愛することに不安と恐怖を感じるようになりました。次第に自分を愛することさえできなくなりました。

自分に自信がなくなりました。自尊感情を傷つけられる出来事もたくさんたくさんありました。ネガティブなことしか考えられない自分がいました。今考えると、ネガティブな思考が、ネガティブな出来事を引き寄せていたんですね。

学生のころ、あんなにも、笑顔で、根拠のない自信を持っていた私。それがこんなにも自分に自信がなくなってしまった。自分で自分がすっごく嫌でした。それでもみんなの前では、笑顔を絶やさない私でいよう。私が笑顔でいることで、周りのみんなが幸せになる……そう信じて生きてきました。

当時の私は、人として、誰からも愛されない存在なのではないかと感じていました。

ただ、神様だけが私をありのままで認めてくれる存在としての心の支えでした。

『神様は、何もしないで、ただ見ておられるのではありません。人間とともに苦しんでおられるのです。』（マザー・テレサ）

この言葉に、いつも励まされていたように思います。

第一章

人間は誰でも、不安になったり、孤独を感じるもの

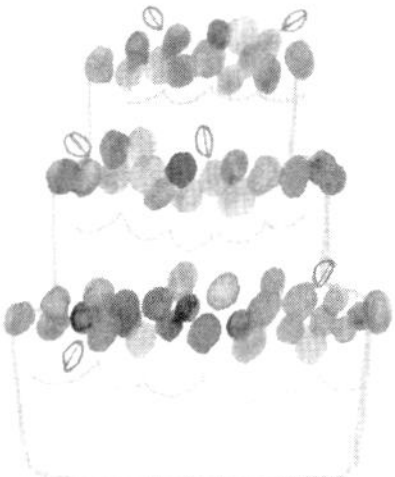

人は変えられない、変えられるのは自分だけ

人間は、だれでも、不安になったり、孤独を感じたりします。人と比較したり、自分がダメな人間だと感じることもあると思います。もしかしたら、あまりそう感じない人もいるのかもしれませんが。

以前の私はどちらかと言うと、くよくよ悩んだり、人を羨ましく思ってしまうところがありました。離婚をした直後は尚更でした。離婚をしてから、より深く自分を見つめるようになりました。自分の心の奥深くに入りこむことが、たびたびありました。一人の夜が怖くて、お布団に入って、息子に気が付かれないように声を殺して泣いたこともたくさんあります。大声で泣きたいときは、夜の海へ車を走らせたこともありました。人は、みんな不安になる。私も例外なく人間だったのです。

しかし、くよくよしてばかりはいられませんでした。

離婚を決意し、毎日を過ごす中で気がついたことがあります。

『人は変えられない。変えられるのは自分だけ』

ずっとずっと、この言葉を胸に、自分を成長させるために学びつづけました。

経営コンサルタントの福島正伸先生、ナニワのメンターこと習慣形成の吉井雅之さん、ほめ育の原邦雄さん、モチベーションとコミュニティ作りを愛を持って教えてくださった坂田公太郎さん・佐々妙美さんご夫妻、私に、コーチングを教えてくださり、今でもたくさんの応援をくださっている石谷二美枝コーチ、そして、心のお師匠さんであるひすいこたろうさんに、たくさんのことを学ばせていただきました。まだまだ数えきれないほどのご縁と学びの日々でした。たくさんの方との出逢いが私に勇気を与えてくださいました。そのころの私は、生きることに無我夢中だったように思います。

ありのままの私を誰が愛してくれるのだろう

少しずつ笑顔を取り戻しつつも、心の奥底では、「誰からも愛されない私」という虚像を、私は勝手につくりあげました。自分なんて……と繰り返し自分を卑下する日々が過ぎていきました。しかしあるとき、フッと気がついたことがありました。

私の周りには、私のために祈ってくれる仲間がいました。

私の周りには、背中をそっと擦ってくれる仲間がいました。

目の前に、幸せがいっぱいある。朝、毎日太陽を浴びて起きることができる。ご飯を美味しいと思って食べることができる。呼吸をすることができる、こうして、誰かのために文章を書いたり、読んだりできることも、そのどれもが、すべて奇跡であることに気がつきました。ここに生きていることが奇跡の毎日なのだと。ひとつひとつが、かけがえのない宝物のように思えてきました。

そして、いつもそばにいてくれる神様がいる。『ありのままの私を良し』とお創りになった神様がそばにいることに気がつきました。

第二章

褒める

『祐子さんは、なんでそんなに褒められたかったの？』

この本の編集者で、高校の先輩でもある古川奈央さんが、あるとき私に質問されました。「私は、そんなに人から褒められることを渇望したことがない。だから、なぜそんなに祐子さんが褒められたいと思うのかを知りたい。」

私にとって、衝撃的な質問でした。

「そうなんだ。みんなは褒められることを渇望していないのだ。

では、私は、どうして、こんなにも言葉で褒められたいのだろう……。」

そこから、自分への問いかけが始まりました。

人の良いところしか見えない

「どんな人に会っても、まずその人の中にある美しいものを見るようにしています。この人の中で一番素晴らしいものは何だろう、そこから始めようとしております。そうしますと、必ず美しいところが見つかって、私はその人を愛すること

ができるようになって、それが愛の始まりとなります。」（マザー・テレサ）

子どもの頃から私は、不思議と、人の良いところに目がいく人間でした。学生になっても、いつも周りのみんなの素敵なところに目がいき、『なんて、みんな素敵なんだろう』と、いつもわくわくしていたのを覚えています。

人には、良いところがいっぱいある。どんな人もみんな素晴らしい存在だ。そう本気で思っていました。

学生のころのあだ名は……『エンジェルゆーちゃん』

「いつも笑顔で、怒るところを見たことない。ゆうちゃんが怒るところを見てみたい」というのが学生時代の友人たちの口癖でした。

だから、マザー・テレサのこの言葉を読んだとき、畏れ多いのですが、『私、マザーと一緒だ！』と感動したのを覚えています。そしてこれからも、私は相手の良いところ、素敵なところに目を向けて生きていきたいと思いました。

人は褒められると安心する。相手が好きになる

そろそろ、褒めるということについてお話していきます。人は褒められると嬉しいし安心します。褒めてくれた相手が大好きになります。潜在意識では、そう感じると言われています。私は全国各地で、『大切な人への愛の伝え方〜愛することができるための4つの大切な方法』というテーマで、講演会を開催したり、直接少人数でお伝えする『ハートフルマスター講座』や褒めシャワーランチ会などを開いています。そこでみなさんに褒められる体験をしていただくのですが、講演会のあとのアンケートでは、

『こんなにも褒められるって嬉しいものなんだと実感できました。』

『初対面の人に褒められただけでもこんなに嬉しく、気分が高揚するのですね。』

『俺って最高って思えました。』

『褒められて……本当に嬉しかった。涙が自然と溢れてきました。』

まだまだ、たくさんの感動と感謝の声をいただいております。

そうなんです。『褒められる』ことは、人が潜在意識の中で求めていることなの

です。

人は褒められるために生まれてきたと言っても過言ではない。それほど褒め合うことは、**人が生きる喜びを感じる、幸せを感じられる、**人と人とが、コミュニケーションを取る上で、大切なことだと私は思っています。

はじめての講演会

かけがえのない家族
ハートフルマスター講座
0期生のみんな

褒めることと褒められること

私の『褒める』の定義をお話しします。私の『褒める』は、

「ありのままのあなたが素敵」を伝える、『存在承認』
ありのままのあなた（相手）を認める。
認めているからこそ、心から褒めることができる。

私の『褒める』は、この存在承認を大事にしています。大事にしているといいますか、それが私のすべての『褒める』の源です。

行動を褒める、見た目を褒めるというのは『褒める』の導入。褒め方がわからない方の初めの一歩としては良いのですが、本来の『褒める』ではないと私は思っています。

行動を褒めると評価になってしまいます。

たとえば、会社の上司が部下の方に、『○○くん、今回のプロジェクトは素晴ら

しいね!! その調子でやってくれたまえ!』と褒めたとします。すると、褒められた部下の方の心の中は、こんな感じになります。

『仕事を褒められて嬉しいけれど……では、仕事がうまくいかなかったら、自分は認めてもらえないのではないか。俺は仕事ができたから認められた。ではそうでなかったら認められないいんだ。』

潜在意識の中では、このように認識してしまいます。この褒め方だと、仕事に対する評価になり、『ありのままのあなたを認めているよ』のメッセージが届きにくくなるのです。

またこれは、お子さんとお母さんの関係でも起こります。

『○○ちゃん、お手伝いして偉いね!!』

『○○くん、勉強して偉いね!!』

お母さんは褒めているつもりでも、これもまた評価になっているので、

『お母さんは、お手伝いしない私は愛してくれない。大好きじゃないんだ。』

『ママは、勉強しない僕は好きじゃないんだ……勉強しない僕はダメな人間なんだ。』

お子さんの潜在意識の中では、そんな風に感じてしまいます。

そうならないようにするために、ここで登場するのが『I（アイ）メッセージ』です。これは、相手に発する言葉を『私』を主語にして話す手法。『Iメッセージ』については第三章で詳しく書きますので、お楽しみに読み進めてください。

ワーク❶

自分の言われたい言葉を10 個書いてみましょう♪

あなたの言われたい言葉はなんですか？私は、『ゆうちゃん大好き♥』『ゆうちゃん、可愛いね♥』と言われたら最高に嬉しいんです。（ぜひ！私に逢ったら言ってくださったら嬉しいです♪）

あなたの言われたい言葉をわくわくしながら書いてみましょう。
10 個書けなくても OK です♪　軽い気持ちで書いてみて下さいね。

①

②

③

④

⑤

⑥

⑦

⑧

⑨

⑩

相手の喜ぶ言葉、言ってほしい言葉で褒めるといい

『Iメッセージ』で伝える時、褒める時は、せっかくなら相手が言ってほしい言葉でいうと、相手も最高の気持ちになります。幸せホルモンのオキシトシン、セロトニンが、どんどん分泌していきます。ここでひとつ、オキシトシンについてのアメリカでの実験結果があります。

7歳～12歳までの少女61人に大勢の人を前にしたスピーチコンテストに出場してもらうというストレスを与え、それぞれのグループで、オキシトシンとコルチゾール（ストレスホルモン）の値を測定したそうです。

実験では、彼女らを3つのグループに分けます。Aグループは、スピーチ前に母親が抱きしめるなどのスキンシップの激励をし、Bグループは、スピーチ前に母親と電話で話すなど言葉をかけてもらいました。そして、Cグループは心理的に差し障りのない映画鑑賞をし、母親からのスキンシップや言葉の励ましがなかったグループです。

さて、この結果はどうなったでしょうか。どのグループもスピーチをした直後は、ストレスホルモンのコルチゾールが急激に増加していたそうですが、Aグループの少女達のオキシトシンの分泌が最も多く、コルチゾールも30分で正常値に戻ったそうです。次にBグループがオキシトシンが多く分泌され、コルチゾールは一時間で正常値に、そして、Cグループの少女達は、オキシトシンはまったく分泌されず、1時間を過ぎてもコルチゾールが正常値よりも30％高い状態だったそうです。（『手の治癒力』山口創　P116〜119参照）

この結果から、幸せホルモンのオキシトシンは、触れること、スキンシップによって一番分泌されますが、大切な人からの『言葉』でも多くのオキシトシンが分泌されることがわかっています。

では、相手が言ってほしい言葉で伝えるには、どうしたらいいのでしょう？

それがわかったら苦労しないよと、本の前でおっしゃっていることと思います。

では、どうしたらいいのか。単純です。本人に聞けばいいのです。

え……？

と思われた方もいるかもしれません。でも本当です。

『言われたい言葉を本人に聞く。』

それが一番の早道なのです。毎日のなにげない会話の中で、あるいは単刀直入に、『なんて言われたら嬉しい？』と聞いてみるのもいいです。

だって、言われたい言葉は嬉しい言葉。褒められたい欲求が、人には存在するのですから。もちろん、あなたと相手との関係性や、それを聞くシチュエーションは大切です。さらりと、真面目にならずに、軽い感じで、聞き出してみてください。

私の講座や褒めシャワー会では、それをワークで行います。すると、面白い結果が出てきます。十人十色といいますが、本当に、その人それぞれ、言われたい言葉が違っています。

ある人は、

『〇〇ちゃん、可愛い♪』『〇〇ちゃん、きれい♪』

と容姿を褒められることが嬉しい人がいました。

またある人は、

『○○ちゃんがいてくれて嬉しいな。』『○○さんに逢えてよかった！』

『○○さんと一緒にいると安心するよ。』

存在そのものを認められると嬉しい人がいます。

またある人は、

『○○ちゃん大好き～♡』『○○さん、愛してる～♡』

と、大好きを伝えられると幸せという人がいます。

でも……中には
『○○さん、変態～』『○○ちゃん、笑える～』『○○ちゃん、変な人～』

と、ある意味逆説とも取れる言葉を言われると、なぜだか嬉しくなっちゃう人もいるのです。本当に人それぞれです。だからこそ人間は面白いと私は思っています。自分が言われると嬉しいから、これを言ったら相手が喜んでくれる。その原理が、そうとも限らないということです。

だからこそ私は、相手が言われて嬉しい言葉で、褒めたり、感謝をつたえると効果が2倍になるとみなさんにお伝えしています。

ここで、私からの課題です。
あなたの大切な人のために、
そして、あなた自身のために、ぜひ取り組んでみてください。

ワーク❷

あなたの大切な人の言われたい言葉を5個、聞いてみましょう♪

直接、聞くのが一番♪遠慮せず、恥ずかしがらずに思いきって笑顔で聞いてみてください。

5個がハードルが高ければ3個くらいでもOKです♥

＿＿＿＿＿＿＿＿＿＿さんの言われたい言葉

①

②

③

④

⑤

相手に言った言葉は、自分が一番聞いている

脳科学の世界では、脳は人称を認識しないと言われています。人称とは、『私』『あなた』などの人を表す言葉です。人称を認識しないということは、自分の発した言葉も、相手の発した言葉も、すべて自分のこととして捉えるということです。『あなたは可愛い』『彼は、かっこいい』『あなたは最高』の言葉を、自分の脳は『私は可愛い』『私はかっこいい』『私は、最高』と、勘違いするということです。『○○さんきれいですね～』『○○くんってすごいな～!!』と、相手に言うと、自分の脳は、『私ってきれい』『僕ってすごい!!』と認識します。

すごいです。

脳……恐るべしポジティブです。

だから、この脳の仕組みを知ると、良い言葉しか発したくなくなります。だっ

て相手を褒めたら、自分を褒めていることになるのです。相手を褒めて、ついでに自分を褒めまくる。そうすると、相手も幸せホルモンが満載、自分も幸せホルモン満載。一石二鳥なのです。なんて脳は素晴らしいのでしょう。勝手にポジティブに勘違いしてくれちゃうのですから。

それなら……自分が相手に発する言葉も、良い言葉、ポジティブな言葉、優しい言葉、褒め言葉、励まし言葉、天使言葉、ほんわか言葉、ふわふわ言葉……などを使うことは、自分のためでもあるのです。

自分が発した言葉は、自分が一番聞いている。
相手を褒めることは、自分を褒めること。

そのことを忘れないでくださいね。

心は言葉でできている

『心は言葉でできている』

これは、私の中学2、3年生の時の担任の先生の言葉です。

国語の担当もしてくださっていた坂本勤先生。現在は北海道内で子育て講演会をされていて、本も何冊も出版されています。著書は『タマゴマンは中学生』『タマゴマンのもと』（北海道新聞社）ほか。先生とは今でも親交があり、今回のこの本の出版のこともご相談させていただきました。そして、先生が背中を押してくださり、決断することができました。

中学2年生の私達に、先生はこうおっしゃいました。

『心は言葉でできている』

『あなた方の言葉で、傷つく人がいる、苦しむ人がいる、時には、命があやうくなることもあるかもしれません。でも反対に、あなた方の言葉によって、勇気をもらえたり、生きる喜びを感じられたりすることもあるのです。だから、あなた方の発する言葉を大切にしなさい。

そして、言葉はあなた方を表すものだから、丁寧な言葉を使いなさい。』

それからの人生、私は、私の発する言葉を丁寧に、そして、大切にしてきました。

そして幼稚園の先生になった私は、目の前の子ども達やママたちへ23年間、そのことを伝え続けてきました。

『心は言葉でできている。』

私にとって、坂本先生との出会いは、かけがえのない宝物となりました。

良い言葉を使うこと

言葉について、もう少し書きます。

『言葉は、自分が一番聞いている。』
『心は言葉でできている。』

この2つのことを前で書きましたが、良い言葉を使うのがどうして良いのかを、実験を行って証明された方がいます。『水は答えを知っている』(サンマーク出版)の故 江本勝さんです。江本さんは著書の中で、こうおっしゃっています。

人間は、そもそもこの世に誕生する前、受精卵のときは99%が水。生まれたときは、体の90%が、成人になると70%が水で、おそらく死ぬ時になってやっと50%を切るのでしょう。すなわち人間は、一生を通じて、ほとんど水の状態で生きているといってもいいのです。

では健康で幸せな人生を送るためには、どうしたらよいのでしょうか。体の70%を占めている水をきれいにすればよいのです。体内の水、すなわち血液のながれがとどこおるのはなぜでしょうか？　それは、感情がとどこおってしまうからだと考えられます。昨今、心の状態が体に大きな影響を及ぼすことが、医学的にも明らかになってきました。楽しくわくわくしながら生きていると体の調子もよくなります。
（『水は答えを知っている』江本勝　12～14ページ参照）

江本先生が興味深い実験をされていらっしゃいます。ガラスのびんに水を入れ、言葉を書いた紙を水に向けて貼り付けるのです。『ありがとう』という言葉を見せた水と、『ばかやろう』を見せた水を顕微鏡のシャーレに落として凍らせて結晶を見ます。すると『ありがとう』という言葉を見せた水の結晶は、きれいな六角形の結晶でした。しかし、『ばかやろう』の文字を見せた水は、結晶がバラバラに砕け散ってしまっていました。また、江本勝先生が、今までに見たことないくらいに美しく華やかな結晶がありました。それは……『愛と感謝』という言葉を見せた水でした。

この水の実験は、私たちが、言葉を大切にすること、『愛と感謝』の心をもつことがいかに大切かを見せてくれたのではないでしょうか。

友人による言葉の実験

この本を知ってから、ますます私は言葉を丁寧に、そして心を込めて愛と感謝の気持ちを込めて話すようになりました。相手の体の水も、そして自分の体の水も、きれいな結晶の状態でいると、心も体も健康で、幸福感がいっぱいになると思いました。

水ではありませんが、私の友人があるとき、白いごはんを瓶に入れて実験しました。ひとつには、毎日「ありがとう」の言葉や「大好きだよ～」と愛の言葉をかけ続けます。

そしてもうひとつには「ばかやろう」「アホ」「嫌いだ」と言い続け、時には無視をしました。そして、３つめは、普段、よく聞こえて来る、「最低」、「いいことないよね」、「できないに決まっている」などの言葉をかけ続けました。

するとどうでしょう……「ありがとう」「大好き」の良い言葉の瓶のごはんは真っ白ごはんのまま。しかし、「ばかやろう」「嫌いだ」と言い続け無視までした2つの瓶のごはんは、カビが生えてグレーになっていました。

恐るべし！　言葉の威力です。

褒められたかった想い

ここまで、言葉について書いてきましたが、先輩からのあの言葉。

『なんで、祐子さんは、そんなに褒められたいと思っているのか?』

その問いが、私の頭の中をいつもぐるぐる回っていました。

私はなんで褒められたかったのか……それは、いくつかの心の状態が重なり合っているからだと思いました。

子どもの頃の私は、『母に褒めてほしかった』。そんな思いがあるのだと思います。私は、３人きょうだいの長女として育ち、勉強も普段の生活も、常にがんばっていたように思います。お姉さんだから、長女だから……もしかしたら、自分でも自分自身に重荷を背負わせていたのかもしれません。たくさん、たくさん、愛してくれた父と母。それでも子どもの頃の私は、父と母に言葉で褒めて欲しかったのです。『ゆうちゃん、よくがんばっているね。』とひとこと言って欲しかったのだと思います。

札幌西倫理法人会にて

経営者の皆様が、毎週一回、６時半から集まってたくさんのことを学ばれている、札幌西倫理法人会で講話をさせていただいたときのことです。いつものように褒めシャワーを浴びるワークをしたあとのことです。その会の会長さんが、おっしゃいました。

『俺って最高と思えました。』

『褒めるっていいですね。さっそく子ども達をめいっぱい褒めてあげたいと思います。』

講話後は、たくさんの方々が握手を求めてくださり、『褒める』の体験が素晴らしい経験になったと口々におっしゃってくださいました。

また、別の方からも、メッセージが届きました。

『植木先生が講話された日、僕の隣に座っていた人は○○さんという方でした。○○さんとは初対面でしたが、お互い褒め合って、背中をさすってスキンシップをとらせて頂き、それがキッカケでお話しさせて頂きました。○○さんとFacebookも繋がり、メッセージを頂きました。僕の手から凄く良い気を頂けましたと言って頂けて、本当に嬉しかったです。とにかく嬉しかったです。また新たな素敵な出会いを植木先生に与えて頂きました。本当に感謝です！』

とっても幸せな出来事でした。

人は、潜在的に褒められたい生き物である

アメリカ合衆国の心理学者のアブラハム・ハロルド・マズロー（Abraham Harold Maslow, 1908年4月1日〜1970年6月8日）は、『人間の欲求は、5つに階層化されている』と言っています。その人間の欲求が、次の5つです。

① 生理的欲求

酸素、食べ物、飲み物、性、睡眠など人の生きるために必要なものが生理的欲求です。

② 安全の欲求

「生理的欲求」がある程度満たされると、身の安全を守りたいという「安全の欲求」が現れます。例えば、明るい場所に慣れた私達が真っ暗な場所に行くと、恐怖さを感じることがあります。これは安全の欲求から現れる反応だとされています。

③所属と愛の欲求

「生理的欲求」と「安全の欲求」が満たされると、家族や恋人、友達、同僚、サークル仲間などの一員になりたいと思ったり、自分の周りから愛されたい、温かく迎えられたい、他者と関わりたい、集団に属したいという「所属と愛の欲求」が現れます。

④承認の欲求

「所属と愛の欲求」が満たされると、今度は「承認の欲求」が出てきます。「承認の欲求」は、自分を認めたい、みんなから自分の価値を認められたいという欲求です。「自尊心の欲求」とも呼ばれています。

この「承認の欲求」は2つに分かれるそうです。それは、**「自分の自分に対する評価の欲求」**と、**「他者からの評価に対する欲求」**です。

前者は、自分の思いを達成することや自分の能力への自信、自分をより優れた存在と認める、自尊心とも言えるものへの欲求のこと。いっぽう後者は、自分に対するまわりの人からの評判や信望、地位、名誉、承認などを求める欲求だそうです。

この「承認の欲求」が満たされると、自分は世の中で役に立つ存在だという感情が湧いてきます。逆に満たされないと、劣等感、無力感などの感情が現れてくるそうです。

⑤自己実現の欲求

マズローの考える人間の欲求の5つめは、「自己実現の欲求」です。これは、自分が潜在的に持っている才能を開花させ、自分の能力を発揮し活動したいと感じる欲求です。

つまり、より一層ありのままの自分であろうとする欲求のことです。どれだけ、生理的欲求から承認欲求までの4つの欲求が満たされたとしても、人は、この「ありのままの自分」に合っていることをしていない限り、不満がでてくると言われています。

自己実現の欲求について、マズローはこう言っています。

『自分自身、最高に平穏であろうとするなら、音楽家は音楽をつくり、美術家

は絵を描き、詩人は詩を書いていなければいけない。人は、自分がなりうるものにならなければいけない。人は、自分自身の本性に忠実でなければならない。このような欲求を、自己実現の欲求と呼ぶことができるであろう。』

（出典「人間性の心理学」）

マズローが晩年に発見したのが、「2つの自己実現の欲求」。つまり「超越的でない自己実現」と「超越的な自己実現」です。この2つを分ける最大の特徴は「至高体験」をしているかしていないかということだそうです。

「至高体験」とは、人生において最高の幸福と充実を感じる一瞬の体験で、日常的な体験とは違い、自己実現的人間へと成長・発達していくうえでの啓示的体験とされます。

啓示とは、神または超越的な存在より、普通では知りえない知識・認識が開示されることをいいます。

・**超越的でない自己実現者**：自己実現はしているものの、至高体験がほとんどない自己実現者

・超越的な自己実現者：至高体験を持つ自己実現者

マズローの言う「至高体験」とは「**注意を完全に保持するに足るような興味深い事柄に魅惑させられ、熱中し夢中になること**」のこと、要するに……**超越的な自己実現者とは、**

『わくわく自分の好きなことを見つけて熱中し夢中になることをしている人』

ということではないかと私なりに解釈しています。

私は、１カ月に一度開催している「わくわく♪予祝シェア会」やハートフルマスター講座、夢実現コンサルティングでもお手伝いしているのですが、『自分が大好きで、笑顔で自分らしく生き、わくわく夢を実現していく』ことによって、『自己実現の欲求』は、最大限に満たされていきます。自分を満たすことから始めることによって、マズローの言う『自己実現の欲求』は満たされていくのではないかと私は思っています。

パパも本当は認めてほしい

ここであるご相談を受けたときの話をさせていただきます。

あるパパのお話です。パパは、いつも感情的に子ども達を怒っていました。子ども達は、いつもパパの顔色を見てご機嫌をとっていました。パパに怒られないようにすること。それが、子ども達の生きる術でした。パパの言う通りに行動する。「本当は、したいことも我慢してるんです。」とママからご相談を受けました。

私は、ママへ伝えました。

『じつはパパが一番認めてほしいし、褒めてほしいと思っているのです。ママがいっぱいいっぱいパパを褒めてあげることから始めてみて。』

そうお伝えしました。

このパパは、愛の欲求と承認欲求が満たされてないのだと私は思いました。あとからお聞きすると、このパパは実のお父様から怒られて育ったそうです。それでもお父様に感謝していると言っている。子ども達というものは、褒められても、逆に怒られても、自分のお父さんお母さんが自分に関心を持ってくれる、それだけで嬉しいものです。どんなにパワハラやモラハラ、虐待をされたとしても、それでも、関心を持って怒ってくれたのだと思うのです。自分がダメだから自分のために怒ってくれていると思うのも、子ども達の心理なのです。

だからまず、パパが子ども時代に満たされなかった「承認欲求」を満たすために、今からでも『めいっぱいパパを褒めてあげて、そしてパパの存在を認めてあげてね。』と伝えました。もしかしたら、これまでのパパからの仕打ちを思い出し、褒める感情など湧き出てこない、いいところが見つけられない、嫌なところばかりが目についてしまう。そんな状態かもしれないけれど……そんなときは、ただただ、言葉にするだけでいい。言葉は、発するだけでいい。初めは表面的でいい。もしかしたら、ゲーム感覚からスタートしてもいい。パパに褒め言葉を伝えることが初めの一歩かもしれません。

ワーク❸

よいところを褒め合う。

家族、パートナー、お友達、同僚などなどで、一人2分間ずつ、良いところを褒め合ってみましょう♪

恥ずかしいけれど、体温があがり身体と心がポカポカします。

せっかくなら、その人の言われたい言葉で。

ワーク2でわかった、大切な人の言われたい言葉を使ってみるのもいいと思います。

クラスでのほめほめタイム

私は幼稚園教諭時代に、担任していたクラスで大事にしていたことがあります。

それは、「クラスみんなでのほめほめタイム♪」です。

朝の会などクラス全員が集まるときに、クラス全員で毎日、一人の子の良いところをみんなで褒め合う時間です。

私の勤めていた幼稚園は縦割り保育でしたので、私のクラスには3歳児も4歳児も5歳児もいました。

あるときは、年長さんの○○くんのいいところをクラス全員で褒め合います。

「○○くんは、いつも優しくしてくれるのが良いところです！」

「○○くんの良いところは、遊んでくれるところです♪」

「○○くんは、かっこいいです！」

「○○くんは、いつも困っているお友達を助けてくれます！」

クラス全員での「ほめほめタイム」が、私は大好きでした。

私は、友達の欠点に目がいくのではなく、クラスみんなの良いところ探しがいつもできる子ども達でいてほしいと願っていました。一年間、お互いの良いところ探しをしていくと、最後にはお互いが、『みんな違ってみんないい！』、そう思えるようになっていきます。

『カブトムシのことは、虫博士の○○くんに聞いてみよう♪』だとか、『これは重たいから、運ぶのは力持ちの○○くんに手伝ってもらおう！』というように、クラスメイトの良いところを頼りにできるようになっていきました。

これは、会社のチーム作りにも有効です。

チームとして、お互いの得意なところを発揮し補い合って仕事を進めていくこと、仲間を認めることで、安心して自分の力を最大限に発揮できるのですよね。ぜひ職場でもやってみてください。

私はファシリテーターとして企業研修もしております。いつでもあなたの街へ飛んで行くので、お気軽にお声がけしてください。

卒園式の日に渡した『ステキなところカード』

私が年長担任として、していたことがあります。『ステキなところカード』のプレゼントです。卒園の時に、その子のステキなところをカードに書いて、卒園アルバムにそっと挟んでプレゼントしていました。

ある子には「○○くんの笑顔が最高♪」、またある子には「○○の良いところは、いつも一生懸命がんばるココロ。」などなど。

3年間、毎日一緒に過ごした日々を思い出しながら、ひとりひとりの良いところを思いながら心を込めて書きました。その時間は、私にとってもかけがえのない時間でした。

ある時、嬉しい出来事がありました。私が渡したKくんの「ステキなところカード」が、近所の公園に落ちていたと、Kくんと同じクラスだった女の子とお母様が、ある日拾って幼稚園へ持って来てくれたのでした。

Kくん。お目々がくりくりで可愛くて、そして、いつも黙ってもくもくと頑張る男の子でした。卒園してから何カ月か経った頃でしたので、なぜそのカードが公園に落ちていたのか不思議議でした。

「祐子先生、きっとKくん、毎日ポッケに入れてそのカードを持ち歩いていたんですね！　Kくんにとって大事なカードだと思うので、私、届けますね。」

拾ってくださったお母様のその言葉で、はっ！と気がつきました。

「そうか！　Kくんは私のプレゼントしたカードを、毎日ポケットに入れて、公園に遊びに行く時にも持ち歩いていてくれていたんだ！」

その出来事は、幼稚園教諭として涙がでるほどに嬉しい出来事であり、先生冥利につきる、私が幸せをもらった出来事でした。そして、子ども達へ心を込めて言葉を贈ること、真摯に向き合うことの大切さを改めて感じた出来事でした。

卒園生にとっていつまでも幼稚園のお母さんでありたい

私は2017年に、23年間勤めた幼稚園を退職しました。短大を卒業し就職、

卒園式では袴を着ました

息子を出産し退職、息子もその園に通い、ママとしても過ごしました。一度は退職しましたが、復帰させていただいた大好きな幼稚園でした。在職中は、たくさんの園長先生とお仕事させていただきました。実は、私が通った大好きな幼稚園でもあります。私が在園児の時は、私の祖母が園長をしていました。

大好きな生まれ育った幼稚園で、これまた天職と思える大好きな幼稚園の先生としてのお仕事。私は、卒園していった子ども達やママたちが、幼稚園に帰って来た時に、いつでも両手を広げて笑顔で待っている、そんな先生を目指していました。

実際にも、卒園させた子ども達が、私の顔を見に来てくれたり、逢いに来てくれたり、時には、人生で悩んだ時に、相談に来ていました。

ある女の子は、親元を離れて北海道外でお仕事をしていましたが、職場の環境に悩んだ時に、フッと私と幼稚園を思い出してくれました。

『先生、どうしているかな~って思って会いに来たよ。』

そう言って、20歳を超えた彼女が幼稚園に逢いにきてくれたのです。

私は、両手を広げて笑顔で彼女を抱きしめました。そして、彼女達と一緒に祈ったお礼拝堂で彼女と話をしました。

『懐かしい匂いがする。』

そう言いながら、ポツリポツリと話し始めた彼女の口からは、今親元を離れて仕事をしていること、そのお仕事がうまくいっていないこと、札幌に帰ってこようか悩んでいること、家族のことなど、たくさんの想いを話してくれました。

そして、最後は、3歳に出逢った時と同じに、懐かしい匂いのする『お礼拝堂』で、2人で一緒に彼女のこれからのこと、彼女のご家族のことをお祈りしました。

話し終わって幼稚園を後にする彼女の背中を見送りながら、私は彼女の幸せを神様にお祈りしていました。そして、彼女だったら大丈夫と、彼女の力を信じ切って見送りました。

また、別の高校3年生の女の子が幼稚園に遊びに来ました。

彼女からは「幼稚園の先生か小学校の先生になりたいから先生の話が聞きたい」と連絡がありました。

高校3年生になった彼女は、とってもしっかりと自分の人生を考えていました。小さいときから優しくしっかり者の女の子でした。

『幼稚園の先生か小学校の先生になりたい。そのために、親元を離れて教育大で勉強したい。どんなことを勉強すればいいのか、幼稚園の先生のこと教えてほしい。』

懐かしい彼女の笑顔に再会できたことも嬉しかったのですが、彼女が言ってくれた、『幼稚園時代が楽しかったから、そして、子どもが大好きだから、先生達みたいな幼稚園の先生になりたい』と思ってくれたことが、涙がこぼれるほど嬉しかった出来事でした。

他にも、ご実家は、もうすでに札幌にはないのだけど、『先生に逢いたい。幼稚園が懐かしくなって〜』と言って、わざわざ遠く青森からお酒の一升瓶を持って逢いにきてくれた男の子もいました。保育時間中でしたので、ようこそ先輩！ということで、その時の在園児に紹介し、当時の幼稚園の思い出をインタビューしました。

『クリスマス礼拝の降誕劇が一番の思い出で、僕は、博士の役をしました。覚えています。』

６歳だった時のことを今でも覚えてくれていること、そして、クラスみんなで心を合わせて、クリスマスの降誕劇をしたことを覚えていてくれたことが嬉しかったです。

私も、しっかりとその子が博士を演じていたこと覚えています。赤いマントをつけて笑顔で堂々とセリフを話す彼の６歳の時のこと、鮮明に覚えています。

まだまだ、たくさんの卒園生との思い出が、走馬灯のように思い出されます。

幼稚園を卒業する時にもらった子ども達とママからの言葉

いろんなことがあり、悩みに悩んで幼稚園を卒業することを決めた時、大好きな子ども達とママと離れることがどんなに辛かったか。悲しかったか。子ども達と別れることを考えると涙が止まりませんでした。今まで関わった、約3000人の子ども達やママたちの笑顔がいまでも忘れられません。今でも、名前も顔も覚えています。逢いたいな～といつも思っています。

前に書いた、子ども達に渡してきた「ステキなところカード」。なんと！　私が幼稚園を退職すると知った、たくさんの子ども達とママたちが、私のお別れ会を開き、「祐子先生のステキなところ」を書いてプレゼントしてくれました。

「いつもやさしいところ♪」
「祐子先生の歌う声♪」「優しく縄跳びを教えてくれたところ」
「笑顔」「ピアノを弾いて歌を教えてくれたところ♪」
「いつも、私達をひっぱっていってくれたところ」

幼稚園の先生を卒業する時、子ども達とママ達から愛にあふれたメッセージを受け取りました

「たくさんのことを教えてくれたところ」
「応援してくれるところ」
「いつも、ナイスなアドバイスをしてくれたところ」

たくさんの自分のステキなところ、子ども達が伝えてくれた私の大好きなところ。今でも大切にしています。これからも、ずっとずっと私は、子ども達のこと、見守り愛し続けます。もちろん、ママたちのことも。

ママたちから最後にいただいた言葉。
「今まで、祐子先生は、私達の応援をいっぱいしてくれました。だから今度は、私達が、祐子先生を応援します!!」

この言葉は、本当に本当に嬉しく、今でも心の支えになっています。

大好きな息子からの言葉のプレゼント

2018年、ナニワのメンター吉井雅之さんの講座『喜働力塾』を受講した時のことです。

6回の講座の最後の講義は、自分の大切な人に参加してもらい、自分の決意表明を皆さんの前で発表する時間でした。私も、息子に自分の決意表明を聞いて欲しかったので、息子を誘っていました。そこで2年後の理想の自分からの息子への手紙を、決意表明の代わりに読み上げました。

○○へ
『子どもから大人まで、すべての人が笑顔で、自分らしく生きる世界
世界中のみんなが、自分が大好きで、わくわく夢を持って生きるためのお手伝いをすること』

それを自分のこれからの人生のミッションとして生きる決意をした2年前。

その世界ができたら、笑顔いっぱいの争いのない世界になる。そう信じて動き出した2年前。

今では、大好きな人たちに囲まれて、時間と場所にとらわれない働き方も手に入れて、ハワイ、オーストラリア、カナダやフランス、イギリスなど、世界中の人たちの笑顔のためにお仕事をしています。

天職だと思っていた大好きな幼稚園の先生をやめる時、私を生んでくれた尊敬する母と、私が生みシングルマザーとして育ててきたあなたが、ひとこと言ってくれた言葉、『そんなに悩んでいるなら辞めてもいいんじゃない?』の言葉に勇気をもらいました。

その後、お仕事を辞めたあと、しばらくしてからあなたは、笑ってこう言いましたね。

『不安でしかないけどね』

あのときは、きっと本当に不安だったんだよね。ごめんね。

今では、エグゼクティブマインドコンサルタントとして、たくさんの経営者様の心に寄り添うお仕事や、企業でのマインドセット研修、幼稚園、保育園の園長先生はじめ先生方へのコンサルティングをさせていただくようになりました。

少しずつお母さんのビジネスも手伝ってくれてありがとう。近い将来、あなたと一緒にお仕事ができる日が来ることを楽しみにしています。それまでは、それぞれの道をコツコツとただひたむきに進んでいこうね。〇〇も自分のやりたいことをおもいっきり楽しんじゃってくださいね。

どんなときも家族がいてくれたから頑張ってこれました。ありがとう。

これから、どんなことに挑戦するかな。わくわくです。

これからも、笑顔で愛を持って、どんな時も自分を信じて、自分を大好きで自分らしく生きていきます。

そのためには、健康でいなくちゃ。いくつになっても、夢を持って笑顔でいられるように。

植木祐子

これを息子の前で読み上げました。

息子への感謝の手紙として、そして、私の決意表明として。すると、息子からの感想のはがきには、こう書かれていました。

『思いのこもったメッセージありがとう。

努力し続けていれば、いつか叶うと思うので、がんばってください。応援しています。』

この言葉を胸に今、私は、世界中のみなさんに愛を伝える人としてこの本を書いています。そして、2年前の自分の想いを受けて、コツコツと進んでいます。

エンジェルゆーちゃんの褒めシャワーカレンダー

独立して、まず最初に叶えた夢、それが『エンジェルゆーちゃんの褒めシャワーカレンダー』の制作でした。『褒め言葉をいつでも、みんなにシャワーのように浴びてもらえるアイテムを作りたい』。そう思っていました。

『私の言葉で笑顔になってもらいたい。そうだ！　カレンダーを作ろう。』

カレンダーにはイラストを入れたいな、とか、カレンダーはずっとみなさんのそばに置いて使っていただきたいので、日めくりカレンダーがいいな、などなど、たくさんのアイデアが閃きました。そこからスタートした『日めくりカレンダー』制作。イラストは、私の大好きなイラストレーターのマドカさんに描いてもらいたいと思い、さっそく連絡を取り、快諾していただきました。

お互いに仕事をしながらの制作でしたので、構想から2年がかかりました。そして2018年の冬。とうとう念願の販売にこぎつけました。今では、南は沖縄から、北は北海道まで、300人以上の皆様のお宅や職場に、『エンジェルゆーちゃん』がいます。母も、その良さを実感してくれて、宣伝マンになってくれています。家族が応援してくれていることがなによりの幸せです。

先日はカナダのお友達にも届き、海外でも私のカレンダーを毎日みんなが眺めてくれています。使ってくださっている方々からは、

『毎日、家族でカレンダーの言葉を言って笑顔になっています。今では、父と母がカレンダーをめくるのを楽しみにしています♪』

『会社のデスクに置いて、元気とパワーをもらっています。』

『病室に飾って元気をもらっていたら、お見舞いに来た方々や看護師さん、ご飯を運んで下さる方々までが、ゆーちゃんのほめシャワーカレンダーをみていいね♪と言っていましたよ！』と言って、お見舞いのお返しに、みなさんへのプレゼントとして使って下さった方もいます。

　また、

『褒めシャワーカレンダー、玄関に置いて、素敵な言葉を毎日見ています。』

『プレゼントした80代の友達も玄関に置いていていたら、気難しいご主人がいち早く、朝めくっているとのことです。』

『友達が、今心の弱っているお子さんを持つお母さんにカレンダーをプレゼントしたところ、お子さんがカレンダーの言葉を読んで、そのとおりになっちゃったそうです。』

と嬉しいご報告がぞくぞく届いております。

『エンジェルゆーちゃんの褒めシャワー日めくりカレンダー』は、植木祐子ネットショップにて取扱しております。
https://for-your-smile.stores.jp/
サイトはこちらから
↓

『やっぱり、褒め言葉って素晴らしい！』と、このカレンダー販売を通してあらためて実感しました。カレンダーは、おかげさまでクチコミで広がり、『エンジェルゆーちゃんの褒めシャワー』が日本中に広がっています。私より先に世界へ愛を届けている、『エンジェルゆーちゃん』です。

―ワーク❹―

自分の褒めポイント♪　私ってここが素敵♪　と思うことを10個書いてみましょう！

(書けなくても大丈夫です。少しの時間、自分のよいところを考えてみることが大事なので、どんなささいなことでも OK です。)

①

②

③

④

⑤

⑥

⑦

⑧

⑨

⑩

第三章

認める

ありのままの自分を認めるとは

第二章でも書いてきましたが、人は認めてほしいという「承認欲求」がありま す。それは、すべての人が持っている欲求です。


認められたい。

認めてほしい。


子どもも、大人も同じです。みんな、認めてほしいのです。

そして、それが、ありのままの自分。ありのままの私が認められたら、最高に嬉しいのです。自分が自分を認め、愛することで、自分を満たすことができる。

それは、本当だと私も思います。そして、人から認められたり、人から褒められることで、自分に自信がつき、自分を大好きになるのも本当です。

私は離婚をした時、自分がダメな人間、だれからも愛されない人間なのではないかと思いました。それは、自分を愛してくれていると信じていた家族との別れによって、自分の存在自体に自信がなくなったからでした。

『私を愛してくれる人は、もういない。私は愛される存在ではない。』

その時、私はそう思っていました。

『人は変えられない。変えられるのは、自分』

そう思った私。

そこから、自分の心を見つめ、自分の心と笑顔を守るために、たくさんの学びをしていきました。自分が人として成長していくことで、自信を取り戻していけるのではないか。そして、また私は、愛される存在になれるのではないかと思いました。

そこにいるだけで嬉しい、I（アイ）メッセージで伝える

第二章【褒める】で出てきた、上司の言葉やママの言葉を『Iメッセージ』で

言い換えてみます。

ＹＯＵメッセージで伝えると、こうなります。

『○○くん、今回のプロジェクトは、素晴らしいね!! その調子でやってくれたまえ！』

それをＩメッセージで伝えると、

『○○くん。僕は、君がプロジェクトを成功させてくれて本当に嬉しいよ！ ありがとう。』

『○○ちゃん、お母さんは、○○ちゃんがお手伝いしてくれて助かったよ。ありがとう。○○ちゃんがお手伝いしてくれて、とっても嬉しいよ。』

『○○くん、ママは、○○くんが勉強している姿をみて、とっても嬉しいな。』

どうですか？　どう感じましたか？

Ｉメッセージで伝えると、

『あ～上司は、こんなにも喜んでくれているんだ。嬉しいな。これからも、仕事がんばろう!!』
『ママは、私がお手伝いしたら嬉しいんだな〜。それならもっとお手伝いしよう』
みなさんも、そんな気持ちになるのではないでしょうか。

褒めるときには、伝える側の感情をのせることと、想いを伝えることが大切です。そうすると、褒められた相手は、評価と捉えずに、ありのままを認めてくれている、愛してくれていると感じるのです。

存在そのものを認める

幼稚園の先生をしていた時、よく、ママたちや若い先生方に伝えていたことがあります。
『たとえ子ども達が問題行動をしたとしても、それは行動が間違っていただけ。人格を否定しないで、行動がいけなかったと伝える。そして、伝えたあとは、めいっぱい抱きしめたり、褒めたり、愛を伝えること。』

ありのままの自分を認められたり、褒められると、人は、この上ない喜びを感じます。自分の存在そのものを認められると自己肯定感が上がり、生きる意味も実感します。それは、子どもも、大人も同じです。

間違うことは、だれにでもあります。子どもなら、なおさらです。間違いばかりを指摘されて、怒られ続けると自分がダメな人間だと錯覚してしまいます。そんなときは、『その行動は間違っていたけれど、あなたの存在自体は素晴らしいのだ』ということを伝えてあげてください。めいっぱい、抱きしめてあげてください。そうすると、自分の間違いに素直に気が付きます。そして、こんなにも愛してくれている人を悲しませてはいけない……と思うのです。

みんな生まれてきただけで１００点満点。
存在そのものが、素晴らしい存在なのですから……。

そのまんまのあなたがいい～恩師・坂本先生との思い出

恩師・坂本勤先生の話は、前に書きました（第二章42ページ参照）。もうひとつ、先生の言葉で大好きな言葉があります。

『そのまんまのあなたでいい。
いや、そのまんまのあなたがいい。』

私はいつも、坂本先生にお逢いすると涙が溢れてきます。涙腺崩壊します。どうしてか……それは先生が、どんな時も私を認めてくださっているから。先生が、ありのままの私でいいんだと、いつも言ってくださるからです。

中学3年の時の三者面談の日。

母と一緒に坂本先生と高校受験のこと、その他いろんなことを話しました。たぶん……。

どうしてたぶん？　それは、三者面談の日、私は、先生の顔を見た途端、泣いてしまい何を話したのか、まったく覚えていないからです。

怒られたのではありません。ただただ、優しい眼差し、丁寧な言葉、ありのままのあなたがいいと伝え続けてくださる坂本先生の言葉に、自然と涙が溢れてきたのでした。

私は、人間として、坂本先生から、たくさんのことを教えていただきました。そしてそれは、私が保育者として３０００人以上の子ども達とママたちに伝えてきたことでもあります。


『そのまんまのあなたでいい。

いや、そのまんまのあなたがいい。』

目の前の人に、どうぞこの言葉を言ってあげてください。
どうぞ、心から、この言葉を伝えてあげてください。
そうすると、あなた自身の潜在意識にも、しっかりと届いていきます。
だって、あなたの発する言葉は、あなたが一番たくさん聞いているのですから。

評価されることと、認められることは違う

第二章の『褒める』でもお伝えしましたとおり、YOUメッセージで褒めると、相手は評価されたと感じます。また、行動を褒めることも同じです。

もちろん、評価されることも嬉しい気持ちになりますが、特に子ども達は、行動を褒められることによって、行動しなければ褒めてもらえない、認めてもらえないと感じてしまいます。もっと言いますと、良い子でなければ、お父さん、お母さんから、愛してもらうことができないと思ってしまうことも多くあります。

前述のお父さんの例（55ページ参照）にもあるように、子ども達は、お父さん、お母さんからの愛情を受けるために一生懸命生きているのです。大好きなお父さ

ん、お母さんに褒められるように、認めてもらえるように。でもそれとは逆に、問題行動を取ることで父母の意識をこちらに向けたい、愛情を確認したいという子ども達の感情もあります。本当は褒めてもらいたい、認めてもらいたい、信じてもらいたいという心の叫びが聞こえてきます。本当に、子ども達はどんなときも、父母の愛情を確かめたいものなのです。

だからこそ、私は、皆さんにお伝えしたい。
大切な人を評価で褒めるのではなく、ありのままの存在を認めてあげてほしい。これを読んでくださっているあなたもまた、素晴らしい存在であることを知ってほしいのです。

息子との葛藤

第二章でも書きましたが、私には、シングルで育てた一人息子がいます。3歳の時に離婚をしてから19年間、幼稚園教諭をしながら育ててきました。

私は、息子が13歳の時に『子育てコーチング』に出逢い、子育てコーチとなりました。また、心理カウンセラーの勉強をし、資格を取得、臨床発達心理士についても大学院相当の講義を東京、京都、名古屋の大学で受講し、論文を提出し、面接試験を受けて資格取得しました。特別支援教諭免許も取得しました。無我夢中で勉強しました。それは、息子とよりよい関係を築きたい、そして自分自身を成長させてしっかりと育てたい。そんな思いがあったからだと思います。

息子が中学2年生の時、一回目の反抗期がやってきました。でも彼の素晴らしいところは、決して母親の私に、暴言を吐くことがなかったこと。部屋で、イライラしている息子を見てみないフリをしました。朝起きたら使っていない小学生の時の分厚い辞書がビリビリに破かれていたこともありました。もちろんこちらも人間ですから、感情的に怒ったり怒鳴ったりしたこともたくさんあります。

高校生のころには、たくさんの衝突もありました。シングルですので、私一人で決断しなくてはならないこともたくさんありました。父親がいたら、こんな時は、息子に対してどう接するのだろう。男の人ならどうするのだろう。私は、父も母もいる中で育ってきたので、母子家庭で育つ息子の気持ちをわかってあげられないことに、悔しさと申し訳なさを感じた時もありました。息子は、どう思っているのだろう。

『ごめんね……。』

何度も心の中でつぶやいていました。どうしていいのかわからない、神様にお祈りを捧げた日もすくなくありませんでした。

『でも、そう思っていてもしょうがない。』

現状の中で精一杯生きること、私が笑顔でいることを心に決めました。

『いつもニコニコで怒るところは見たことがない。ゆうちゃんでも怒ることがあるんだね』と、学生時代の友達からは、いつも不思議がられていました。感情的になる自分。第三者的に見ているコーチの私。息子に今、何を伝えたらいいのか。その時の私は、いつも自問自答していたように思います。周りの大人の意見も様々でしたが、私は、息子を認め、信じている。それは変わらない。その思いはブレることなく今でも息子との関係を支える柱となっています。

そんな息子も現在は22歳。来年は、社会人として仕事を始めます。私は、私の人生は、素晴らしいものとなると思っています。そして彼の人生も、素晴らしいものになる、そう確信しています。

私の夢のひとつは、『息子と一緒にビジネスをすること』。

どんな未来が待っているのかわかりませんが、今からわくわく楽しみです。

大好きな父を見上げる

私の父は、61歳の若さで亡くなりました。父は、中学校の体育の先生でした。サッカー部の顧問であり、笑顔がステキで明るく社交的な父でした。

でも、実は恥ずかしがり屋だったり、一人でいる時間が好きな一面もありました。私は父に性格が似ているところがあります。私もこう見えて、人見知りな面もあったり、一人の時間に自分を見つめています。父と違うのは、一人で食事に行くことが苦手なことです。一人でのご飯がとっても寂しく感じます。美味しいものは、誰かと『美味しいね』といいながら食べたいです。

子どもの頃は、よくキャンプや旅行に連れていってくれました。国際交流も好きで、一年に何度かは、我が家には、留学生を受け入れていました。その頃から、私も英語は話せたらいいな、世界中にお友達を作りたい！　そう思っていました。その想いが今の私の根底にあるのかもしれません。

『認める』

私は、父から認められていた。そう感じています。もちろん母にも認められていると感じています。この思いは、父が亡くなった今でも感じています。

『私は父から認められている。』

だから、不安になったり、迷ったり、孤独を感じたりする時には、今では、空を見上げます。父が必ず見守ってくれている。そう感じるから。

空を見上げると元気になれます。

脳は2つのことは考えられないと言われています。

アイ・アクセシング・キューーという目の動きでの脳のパターンがあるとされていて、右上をみるとネガティブなことより、未来のことを想像できるということも言われています。

また、ヤッターと長距離の陸上選手が一位でゴールに入るときのようなポーズ。あのポーズがどれだけパワーがあるのか社会心理学者のエイミー・カディ氏がわかりやすくTEDでお話してくださっています。脳がどのように錯覚を起こして、どのようにパワーがチャージされるのかも科学的にお話をされています。

（TEDエイミー・カディ「ボディランゲージが人を作る」）

https://youtu.be/Ks-_Mh1QhMc

巻末の読者プレゼントにもありますが、私は、『ちょっぴり自分が大好きになる方法』をブログやメルマガなどでお伝えしています。

そこにも20個の方法を発信しておりますが、私にとって、『空を見上げること』は、父から認められていることを感じられるための行動であり、また、自分を元気にさせる方法でもあるのです。

ワーク❺

鏡をみて、「私って素敵」と言う。

ありのままの自分に声をかけてあげてください。自分が自分を認めてあげる。
鏡をみて自分に素敵♪可愛い♪がんばっているね！と言葉をかけてあげてください。
自分の瞳を見つめて。自分の潜在意識に語りかけてくださいね。

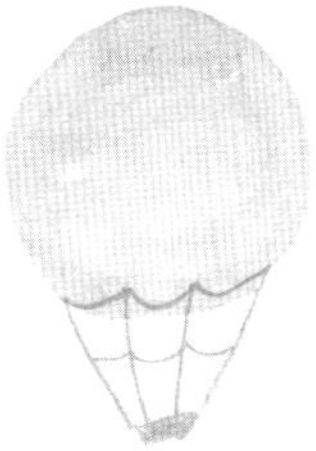

第四章

信じ切る

『信じること』と『信じ切ること』の違い

私がいろいろな所で、『信じ切るということ』のお話をするようになり、

『私、子どものことを、信じ切ることができないんです。』

『部下のことを信じて任せることができないのですが、どうしたらいいのでしょうか。』

そう相談されることが多くなってきました。

私の『ハートフルマスター講座』の講座生にも伝えていますが、

『信じ切ることを決めること』


それにつきるのです。

そう言われても、信じ切ることができないから、聞いているのですが……とお声が聞こえてきそうですが、私は、声を大にして言いたい！

『信じ切りたいのなら、信じ切ると決めること!』

それしかありません。

相手を信じ切れない方は、自分を信じることが、まだできていない方のように思います。私も、自分を信じることができない時期がありました。何度もお話していますが、私は、離婚をして自分に自信がなくなりました。自分を信じることができなくなりました。私にとって人生のどん底、辛い時期でした。だからこそわかります。自分を信じることができないと、相手も信じることができないことを。

自分を信じるということは、

『自分は、そこにいるだけで素晴らしい存在であるということを知っている。なにもしなくても、ただそこに生きているだけで素晴らしい存在なのだ』

ということを知っているということです。

そして、自分の力を信じている人は、なにがあったとしても、自分には生きぬく力があるということを知っています。自分を信じ切っている人は、相手の生きる力も信じています。なにがあっても、この人は大丈夫と思えるということです。だから、まずは、自分を信じてあげてください。あなたが信じなくて、誰が信じるのでしょう。自分の一番の味方、応援団は自分。そうありたいですね。自分を信じ切ること、それが、人生で一番大切なことかもしれません。

相手の力を信じ切ること

私が講演会やお話会で、『相手を信じ切る、子どもの力を信じ切る』ということをお伝えする時に必ずお話している、ある女の子とのエピソードがあります。

ある年の年長クラスのAちゃんのエピソードです。

その時、年長クラスを担任していた私は、この一年で子ども達と実現したい目標の中に『クラス全員、縄跳びを跳べるようになって卒園させたい』という想いがありました。近隣の小学校では、『縄跳びチャレンジ』のようなものをしているところが多かったので、少しでも入学するときに自信を持って入学させてあげたかったのです。毎日、少しずつでも、縄跳びに挑戦する時間を作りました。毎日続けることで、一人、また一人、縄跳びが跳べるようになっていきました。100回、200回と跳べるようになる子ども達も出てきました。しかしそんな中、Aちゃんはいつも『私はしない……見てる』と言っていました。本当は、跳びたい。でも、跳べないから恥ずかしい。跳べないからやらない。毎日、Aちゃんの様子を見ていた私は、Aちゃんに言いました。

『先生と二人でこっそり練習しよう。』

するとAちゃんは、こくりと頷きました。

それから、少しずつ練習しました。跳べないから、やらない……諦めそうになりながらも、毎日練習しました。そして、3月の卒園を迎えました。

Aちゃんは、最後まで、跳ぶことができませんでした。そして、卒園していきました。でも、私は信じていました。Aちゃんの力を。Aちゃんは、必ず跳べるようになる！　絶対に跳べる！

5月のある日のことです。Aちゃんがリュックを背負って、ママに連れられて、幼稚園へやってきました。

『Aちゃん、元気？　小学校楽しい？』

何気ない会話を交わしていると……Aちゃんが、おもむろに、背中のリュックから、縄跳びを取り出したのです。そして、こう言いました。

『祐子先生、あのね！　私、先生に見せたいことがあるの。私、卒園してから、縄跳びをずっと練習していた。先生が、諦めなかったら、必ず跳べるようになるよ。練習をつづけたら、必ずAちゃんは、跳べるようになるって言ったでしょ。だから、私、諦めずに、家で縄跳び練習したの。そしたら、跳べるようになったから、祐子先生に見せたくて。』

そう言ってAちゃんは、私の目の前で、嬉しそうにぴょんぴょん縄跳びを上手に跳んで見せてくれました。その笑顔はとても得意気でした。

私は、今でもその話をみなさんにするたびに、Aちゃんのことを思い出し涙がこぼれてきます。私の言葉を信じて、そして自分の力を信じて、練習を続けたAちゃんの姿を想像すると嬉しくてしかたがありません。

そしてこの出来事を思い出すたびに、幼稚園の先生になってよかった、幼稚園の先生は、本当に素晴らしいお仕事だと心から思うのです。

今でもAちゃんとは、時々逢ってお話しします。今では、自信を持って何事にも取り組む姿が見られます。3年生になったAちゃんは、今では縄跳びが100回跳べるようになったと報告してくれました。また、この本の出版のご報告をした時には、ママから嬉しいメッセージが届きました。

『わぁ。ご出版おめでとうございます。

Aは、毎日頑張っていて本当に頼もしいです。

この間も昔のビデオを見ていて、幼稚園のお別れ会で、祐子先生が「Aちゃん、Aがつく愛がいっぱい～♪」って歌ってくれるのを一緒に見て、そうだね愛がいっぱいだねって話しながら見てました。

先生の毎日がキラキラ笑顔で溢れていますように。』

今でもママ達と一緒に子ども達の成長を間近に見ることができるのが本当に幸せです。

自分の力を信じ切る

自分の力を信じること。

私って素敵と思うこと。

私って最高！　と思うこと。

私ならできる！　と思うこと。

どれも、同じことだな〜と私は思っています。


第二章『褒める』では、自分褒めのことを書きました。

第三章『認める』では、ありのままの自分を認めることを書きました。

そして、第四章『信じ切る』では、自分の力を信じ切ることについて書いています。自分を信じ切る。それは、信じ切ると決めることであると一番初めにお伝えしました。


何度も言います。


信じ切れるようになるには、信じ切ると『決める』ことです。

ここで、信じ切るためのワークです。

ワーク❻

わたしはできる〇〇（名前）ならできる!!

（毎朝鏡を見て自分に言う、誰かと２人で、交互に２分間言い続ける。）

自分を信じられない時もあるということを受け入れる

そうは言っても……自分を信じられないときもあるでしょう。

おかげさまで今はほとんどありませんが、私も少し前まで、不安が襲ってきたり、急に自信がなくなったり、そんなことはしょっちゅうありました。

そんなときは、そんな自分を受け入れ、認め、ゆるし、愛していますの呪文をとなえます。

これは、私の心のお師匠さんのひすいこたろうさんが、ノーベル賞ものだと大絶賛している『まなゆい』のフレーズです。まなゆいは、『たまちゃんこと、小玉泰子さん』が始められた、言霊メソッドです。『受け入れ・認め・ゆるし・愛しています』という4つの言葉を使った全肯定のメソッド、誰でもすぐに使えてしまうシンプルなものでありながら、実は奥が深い。まなゆい公式ホームページ(manayui.com)に詳しく書いてありますので、どうぞご覧ください。

『まなゆい』をしたあとは、私は、必ず予祝もセットで行います。

心の師匠のひすいこたろうさんに、教えていただいた予祝。

『予祝』とは、予め祝うこと。つまり前祝いです。日本人は、秋の豊作を春のお花見でお祝いしていました。豊作を願って、予め祝ってしまう。これが、日本古来の夢の叶え方だと、ひすいさんに、教えていただきました。

私は、毎月一回、札幌にて『わくわく♪予祝シェア会』を開催しています。大人が夢を語る会。妄想を膨らませて、イメージし、わくわくの感情をいっぱいにする会です。なんと！　どんどん予祝で夢が叶っている仲間もいます。

第二章に書いた「マズローの超越的な自己実現者」（53ページ参照）に、予祝でなっていく。この会では、夢を実現したかのようにイメージして、わくわくする体験をしていきます♪

こうして私は、たくさんの方々に支えられて、自分のモチベーションを保ちながら、いかに心地よく過ごしていくかを学び実践していきました。すると不安に感じることや自信がなくなることが少なくなってきて、毎日を穏やかに過ごせるようになってきました。

そして、最近は、

『自分に自信がもてなくなっちゃうこともあるさ』
『そのあるがままの自分でいいのだ』

そう、思っています。そういう自分も愛おしいと思えるようになりました。

人間ですから、思いっきり悩んだり、考えたりしていいんです。それが人間なのだと思います。

自分の存在そのものを信じている。

私は、今、自信をもってそう言い切れています。

第五章

愛すること

愛するということ

私は、愛という言葉を使います。

愛という言葉が好きです。『世界中に愛を伝える人になる』そう決めています。

皆さんは、『愛』という言葉を聞いて、いろいろな感じ方をするかもしれません。

愛なんて恥ずかしい。愛なんてわからない。愛なんて・・・

ネガティブな捉え方をされる方もいるかもしれません。

『大好き』は言えても、『愛している』を言えない方もいるかと思います。

初めに書きましたが、私は、父方も母方もクリスチャンというクリスチャンホームに生まれました。小さなころから、神様がそばにいる環境であり、『愛』について自然と聞く環境にいたように思います。

私は、目の前の人の良いところに昔から目が行きます。

不思議と、目の前の人を大好きな気持ちが湧いてきます。

誰よりも、目の前の人の力を信じ切ることができます。

『ゆうちゃんは、人類みな兄弟って思っているでしょう』と友達に言われたこともあります。

『どんな人も素晴らしい』

そう思えます。それは嘘ではありません。

いま、コンサルタントとして、お仕事をさせていただいている私ですので、それは大きな強みとなっています。クライアントさんの力をクライアントさん自身以上に、信じ切ることができるのです。

その私の『愛する力』が揺らいだ時がありました。

それは、幼稚園の卒業を決めた時です。いろいろな出来事がありました。人を信じられなくなりそうな出来事も襲ってきました。毎日、どうしていいのかわからずに、苦しみ悩んでいました。その時に、私の愛の力を思い出させてくださったのが、私の心の師匠であるベストセラー作家のひすいこたろうさんでした。

ひすいさんとは、2014年ごろから、親交を持たせていただいているのですが、私が幼稚園を卒業するかどうか悩んでいたとき、ご相談させていただきました。

ある日、私の心に限界がきそうになったとき、ひすいさんにメッセージをさせていただきました。すると、ひすいさんからたった一言送られてきたメッセージが、私の愛の力を復活させました。

『ゆうちゃんの愛の出番だね。』

私の愛の出番。

その時の私は、人を許せなかった。どうしてこんなことが起こるのか、どうしてこんなことをするのかと人を責めていました。今まで、どんな方と出逢っても、その方の良いところにしか目が行かなかった私が、相手に愛をもって接していないことに気が付きました。どんなことがあっても、許すことが大事だと思って生きてきた私が、相手に愛を持って接することができなくなっていたのです。

ひすいさんのその一言が私を救いました。

ひすいさんのその一言で、私が私を取り戻すことができました。

私の愛の出番。

ここから、また人生が動き始め、世界中に愛を伝える人になる！　愛することの素晴らしさをみんなに伝えたい。そう改めて思えるようになりました。

人は愛されるために生まれてきた。

いや、生まれてきただけで愛されているのだから。

笑顔は幸せのスイッチ

愛を伝える方法の一つとして、**『笑顔』**があります。

ここで、笑顔がどんなに素晴らしいものかというお話をします。天使の微笑みと言われている赤ちゃんの微笑みは、誰かが教えてできるようになるものでしょうか。いつから赤ちゃんは、あの『天使の微笑み』をするようになるのでしょう。

これを確かめようとした、イギリスの科学者がいました。彼は、妻やメイドに生まれたばかりの我が子に笑いかけないように命じて、赤ちゃんが自然と笑うようになるかどうか、隣の部屋から観察を続けました。すると、生後55日目に自然と笑うのが観察されたそうです。こんな父親を持った子は、大変ですね。この実験で、彼は『人が笑うのは生まれながらの能力だ！』ということを実証しました。一体、誰だと思いますか？

この科学者とは……あの有名な進化論を唱えた『ダーウィン』その人でした。

天使の微笑みが、周りの大人の心を引きつけ、『可愛いな～』という気持ちにさせて保護してもらうという仕組みなのだそうです。

生後8カ月くらいの赤ちゃんの場合、無表情な冷たい顔つきで赤ちゃんと向き合っていると、初めは一生懸命笑いかけてきます。でも、何の反応も返ってこないと、次第にみるみる不安いっぱいの表情になり、ついには泣き出してしまうそうです。しかしその後、笑顔で話しかけると安心して、にっこり笑顔になるそうです。

目と目で微笑む時、言葉はいりません。

笑顔は、人間だけが持っている神様から与えられた宝物だと私は思います。

魚やカエルも、熊も鳥も笑いません。チンパンジーは笑いますが、遊びの場面以外で笑顔を見せることは、ほとんどないそうです。またチンパンジーは、他のチンパンジーと笑顔を分かち合うことが少ないという点で人間と違います。チンパンジーは、他のチンパンジーの遊びを見て笑うということがほとんどないそうです。一方、人間では2歳頃から笑顔の共有が増えてきます。さらにチンパンジーは、自分の子どもの笑顔を見ても，母親が笑顔になるわけではないそうです。

人間は自分の子どもだけでなく他人の子どもを見ても、また遊んでいるチンパンジーを見ても、つい微笑んでしまう。そのように笑顔が広がっていくということが、チンパンジーにはほとんど見られず、それぞれに遊んで楽しくて笑っているだけで、相手の笑顔を見て楽しい気持ちになって笑っているというのとは違うそうです。

反対に人間は、平和や友好のあらわれである笑顔をいろいろな場面で使うことによって、相手とのコミュニケーションをうまくとることができます。

『笑顔は、人間だけができるコミュニケーションのツールなのです。』

笑顔になることで、どんなことが起こるでしょう。産婦人科の専門医で、日本笑い学会副会長の昇幹夫先生は、笑顔になることで免疫力がアップし、免疫力が増えることによって病気になりにくく、治りやすいとおっしゃっています。笑うと自律神経のバランスがよくなり、健康になり、新陳代謝も良くなるので、お肌もつやつや、瞳もキラキラ、呼吸も深くなるので心も落ち着きます。笑顔の効果はそれだけでなく、笑顔の時に出るアルファ波によって集中力が高まり直感力が出てくるそうです。

『笑顔』は、幸せの魔法そのものなのです。

心からの笑顔が一番ですが、作り笑顔でも同じ効果があると言われています。私達人間の心は弱いもの。心からの笑顔でいられない時もあります。苦手な人がいたり、疲れてイライラすることもある。ついついネガティブになって落ち込むことだってたくさんあります。いいんです。辛い時には、辛いと言っていい。甘えたいときには甘えていい。だから、笑えないときは、笑わなくていいけれど、作り笑顔ができる時なら、やってみてくださいね。

―ワーク❼―

『笑顔体操♪』

①口角を上げる→オン　口角を下げる→オフ
②ほっぺたの筋肉を上げる→オン
　ほっぺたの筋肉を下げる→オフ
※頬の筋肉が動いて、頬の真ん中にあるツボが刺激を受けると、脳に指令が行き、脳の前方の左半球が活性化する、つまり！楽しく幸せな時と同じ脳の状態を作ることができるそうです。

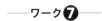

大切な人への愛を伝える5つの方法

アメリカの牧師でもある、ゲーリー・チャップマンは、著書『愛の伝え方シリーズ』の中で、愛を伝えるには、5つの方法があると言っています。

私も3000人以上の子ども達やママたちと関わる中で、まさにこの5つは、愛を伝える方法として大切な事柄だと実感しています。

そしてこの5つの方法で愛を伝えやすくするためにも、私のお伝えしている『褒める・認める・信じ切る・愛すること』は必要です。

そして大切なのは、相手を観察すること。

チャップマンが教えてくれている5つの方法に、私なりの解釈や考えを交えながら、『愛すること』について書いていきます。

大切な人への愛の伝え方 その1
～言葉で愛を伝える

言葉で愛を伝えるには、存在そのものを認める言葉が大切です。ありのままの存在を褒めたり、認めたり、信じている言葉、肯定的な言葉を使うことによって、相手に愛が伝わります。

私は、毎日の挨拶は、必ず名前をつけて言うようにしています。『○○ちゃん、おはよう』『○○～おやすみ』『○○くん、こんにちは♪』もちろん、できないときもありますが、なるべくならひとりひとりを尊重して挨拶したい。その人を大切にしている気持ちを伝えたいと思っています。

幼稚園教諭をしていた時は、毎朝の子ども達には必ず、目を見て、名前をしっかり呼んで挨拶してきました。

『○○くん、おはよう』

『○○ちゃん、おはよう』

名前は、その人を表すものです。ひとりひとりにある、ただ唯一のものです。その名前を呼ばれるということは、自分を丁寧に扱ってくれている、そう感じると言われています。そして、名前をつけて挨拶をしてもらうだけで、その人の『自己肯定感』があがると言われています。だから、幼稚園の先生としての毎朝の挨拶は『心を込めて丁寧に』を心がけていました。

新年度を迎える時は、入園式までに全員の顔写真を見て覚えます。そして、入園式当日に初めてそのご家族が幼稚園の門をくぐり、玄関に来た時は、笑顔でその子のお名前を呼んで出迎えるようにしていました。

それは、子ども達にとっては、新しい環境でのスタートを安心して迎えてほしかったからであり、これから始まる幼稚園での生活が安心できる場であると認識してほしかったからです。そしてなにより、『先生は、あなたのことが大好き』を伝えたかった。初めましての子ども達へ、めいっぱいの愛を伝える意味も込めていました。

また、保護者の方々にも安心して、我が子をお預けして欲しかった。『我が子の名前』を呼ばれることで、安心と、そして、保護者の皆様へ敬意を表し、共に子育てしていく同志としての信頼関係を早くに築けたらと思っておりました。

『名前をつけて挨拶をする。』

単純なことかもしれませんが、それくらい大切なこととして、丁寧に行ってきました。

ぜひ！ 挨拶をする時は、名前をつけて。やってみてくださいね。

言葉って本当に大切

言霊とも言われますが、言葉には命が宿っていると私は思っています。

第二章でもお伝えしましたが、自分の口から発せられる言葉は、自分が一番聞いています（40ページ参照）。自分のためにも、丁寧な、良い言葉を使うことで、毎日を、心地よく、穏やかに、安心して過ごすことができるのです。それくらい、私達が健康で生きるためには、言葉の力が必要です。

この本の初めに、私は『母から言葉で褒められたかった。』と書きました。こんなに美味しいごはんを毎日作ってくれて、アイロン、洗濯、学校や習い事などの世話などで、母の命の時間を私に注いでくれていたことを、今では心から感謝していますし、十分に私は愛されていたと思っています。

しかし子どもの頃から40歳になるまで、愛されていることはわかっているのに、時々母の愛を不安に思う自分がいたのです。『言葉で褒めて欲しかった』のは、私が、『言葉』によって愛を感じる人だったからだということに、ゲーリー・チャップマンの本と出会って気が付きました。私は、『言葉』で最も愛を実感できる人間だったのです。

『言葉』で愛を実感できる人は、自分も愛を伝えるための方法として『言葉』を選びます。私もまた、みなさんへ愛を伝える方法として、講演会、講座を通して、言葉を使って愛を伝える仕事をしています。

世界中に、私の愛の言葉を届けたい……世界中で、この本の出版講演会を開催していただき、大切な人へ、そして、自分自身へ愛を伝える方法をお伝えしていきたい。それが、今の私の大きな夢にもなっています。

どんな『言葉』で愛を伝えたらいいのかについては、この本の第二章と三章に書いてありますので、じっくりお読みいただけたら嬉しいです。

大切な人への愛の伝え方 その2
～スキンシップで愛を伝える

2017年に幼稚園を辞めてから私が一番つらかったのは、私のまわりに大好きを伝えてくれる子ども達がいなくなったことでした。

毎日、おんぶや抱っこやハグをしていましたので、それができる大好きな子ども達がいなくなり、タッチされることがなくなり、自己肯定感が下がったことを今でも覚えています。毎日、寂しくて、寂しくて……どんどん気持ちが落ち込んでいきました。次第に笑顔も減り、食欲も減退していきました。

私は心のプロでもあるので、マインドを整えることを皆様へお伝えしているのですが、タッチがなくなることで、ここまで自分の心が落ち込むのだということを身をもって実感しました。私にとって幼稚園の先生のお仕事は、自分を笑顔に、元気にするお仕事でもあったことに改めて気付いた出来事でした。

私が大切にしてきた、抱きしめる保育

幼稚園の先生として、もう一つ大切にしてきたことがあります。それは、抱きしめる保育をすること。スキンシップやタッチをすることで、幸せホルモンのオキシトシンが分泌されることは、このあと詳しく書きますが、私は、幼稚園の先生として、子ども達を抱きしめることを大切にしてきました。

抱きしめることで不安がなくなります。
抱きしめることで、信頼、安心感が育まれます。

ここで、すこし恐ろしい実験を書きます。
13世紀のことです。神聖ローマ帝国フリードリッヒ2世は、ある実験をしました。50人の赤ちゃんと乳母を集めて命令しました。

『赤ちゃんにおっぱいを飲ませ、おむつを換え、お風呂に入れ、寝かせなさい。ただし、一言も話しかけてはならない。抱いて可愛がることも禁じる』と。

この実験結果は恐ろしいものとなりました。50人全員が1歳の誕生日を迎えることなく亡くなったとのことです。なぜこのようなことが起こったのか。

また、もうひとつ、1940年代のアメリカの孤児院でも多くの子ども達が亡くなった。それは、当時、流行していた育児法『子どもにあまり触れてはいけない』。子どもに触れることは、子どもを情緒的に甘やかすことであり、甘やかされた子どもはダメになるため、泣いてもできるだけ放っておくことが推奨されたのです。子どもの死亡率が高まったのは、スキンシップがないことのストレスによって成長ホルモンの分泌が止まってしまったことが大きな原因でした。

(『手の治癒力』山口創　P121~123参照)

幼稚園は、子ども達が初めて大好きなママとパパから離れて、一人で社会生活を送る場所です。だからこそ私は、早い段階で、子ども達が私達保育者を信頼できる大人として認めてくれるように、信頼関係を築いていくことが大切だと思っています。それには、抱きしめること、お膝に抱っこしてあげることがとても有効です。

4月の入園の時期はなおさらです。「ママの代わりだから大丈夫だよ。」そう言ってムギューと抱きしめてあげるのです。不安なときは背中をさすってあげます。腕や太ももをさすってあげることも有効です。まずは、幼稚園が安心できる場であることをしっかりと感じさせてあげることだと私は思います。そうすると、子ども達は、安心して、自分で考えたり、自分で行動できるようになるのです。めいっぱい抱きしめ、愛されていることを感じると、子ども達は安心して自分で行動しはじめます。自分で考え行動できる子どもになるには、心の基地である、愛されているという安心感を育てていくことが早道なのです。まずは、めいっぱい抱きしめてあげてくださいね。

父と母からのタッチケア

私にリアルでお逢いになったことがある方は気がついていたかもしれませんが、

私の右腕は、生まれた時の分娩麻痺の影響で、腕の腱が短く、曲がっています。生まれた時は、実は、ぶらんと垂れ下がり、麻痺して生まれてきました。

生まれたばかりの私を連れて、毎日、父や母は交代で病院へ連れていってくれました。毎日、腕のマッサージをしてくれました。その甲斐があり、私の右手は動くようになりました。見た目の湾曲と可動域の少なさなど、少しの不自由はありますが、筋力も戻り、文字を書いたり、こうして、パソコンを両手で打つことだってできます。

両親がそのようにしてくれなければ、もしかしたら、今でも私の右腕は、力も入らず、ただ、ぶらんと垂れ下がっている状態だったかもしれないのです。私は、幼い頃、父と母から、毎日タッチケアをしてもらっていました。スキンシップによって、愛をいっぱいもらっていました。

残念ながら、父は19年前に61歳の若さで天国へ行ってしまいましたが、今でもその時の『白いマッサージクリーム』の匂いは忘れていません。毎日、父と話しながらのマッサージの時間。私の右腕をマッサージしてくれる父の笑顔を、今でも忘れることはありません。

私の講演会や講座でも、《ハートタッチ》をみんなでしますが、タッチをされた方々からは、

『人の手がこんなにも温かいことに気が付きました。』

『相手のぬくもりを感じて、自分が全肯定されている感じがしました。』

『幸せを感じて涙がこぼれそうでした。』

などの感想をたくさんいただきます。

また、人によっては、

『タッチをした相手に親近感を覚えました。』

『タッチし合いっこした方と、お友達になりました。』

といった感想もいただきます。タッチは、人の心を開きます。

それと同時に、安心を感じ、自分が肯定されている、あるがままの自分を全肯定される感覚を覚えます。だからこそ私は、みなさんに、ご家族やパートナーなど、身近な大切な人へぜひ！　タッチをしてあげてくださいとお伝えしています。

皮膚によって人は癒やされる

ここで、少し『タッチケア』についてお話します。

私は、タッチケアの日本の第一人者である桜美林大学の山口創先生と親交を持たせていただき、タッチケアの素晴らしさ、皮膚によって人は癒やされることを教えていただきました。山口先生の著書の中でも紹介されていますが、有名なアメリカの心理学者、ハリー・ハーロウによるアカゲザルを用いた実験があります。生まれたばかりのアカゲザルの赤ちゃんを代理母で育てる実験です。代理母として、針金でできた冷たいワイヤーマザー（針金の母親）と、針金を柔らかい布で覆い、ヒーターで体温の温かさに温めたクロスマザー（布製の母親）の2種類を用意したそうです。8匹の赤ちゃんザルのうち、4匹はワイヤーマザー（針金）に取り付けられた哺乳瓶から授乳し、残りの4匹は、クロスマザー（布製）から授乳します。しかし驚くことに、授乳後は、ずっと、ワイヤーマザーから授乳された赤ちゃんザルもすべてクロスマザーのそばにいて、クロスマザーと過ごしたそうです。さらに実験は続きました。赤ちゃんザルが恐れを抱くような刺激物をケージに入れると、赤ちゃんザルは、必ずクロスマザーにしがみついたのです。

この実験結果から、ハーロウは、愛着は授乳による欲求の充足よりも、むしろ、『柔らかく、温かい肌の接触』によって形成されると主張。つまり、『スキンシップ』の重要性を立証したのです。愛着の根本には、『皮膚への温かい感触』による癒やしと安心感が存在すると考えられているそうです。生まれてすぐ母親に抱かれた人間の赤ちゃんは、皮膚温と深部体温の差がほとんど見られないのに対して、抱かれなかった赤ちゃんは、皮膚温が大きく低下してしまうことがわかっています。人肌で温められることで、心も温まって安心し、赤ちゃんはそのような人に愛着の絆をつくるようになるとも、山口先生は本の中でおっしゃっています。（『人は皮膚から癒やされる』山口創58ページ~59ページ参照）

触れて気持ちが良いことを感じる神経繊維

また、先生の本によれば、人には『触れて気持ちがいい』とか『触れた感触が気持ちが悪い』といった、感情と関わる神経繊維**『C触覚線維』**と呼ばれる神経繊維があるそうです。この『C触覚繊維』が興奮するための条件として、『触られる速度』と『柔らかさ』が重要な要素になっているそうです。速度に関しては、秒速5cmほどの速さで動く刺激に対してもっとも興奮し、また、柔らかさに関しては、ベルベットのような柔らかい物に心地よさを感じるそうです。だから、人の手で、ゆっくりと手を動かしてマッサージすることは最適です。

この**『C触覚繊維』**は、**脳内では、自律神経を整えるセロトニン神経を活性化させる**こともわかっています。ですから、抑うつや不安の高い人にゆっくりした速度でマッサージをすると、脳内でセロトニンがつくられて症状が軽くなる結果が出ています。

西オレゴン大学のルイーザ・シルヴァのグループでは、自閉症と診断された15人の子ども達に対して、タッチケアを週に2回、5週にわたって続ける実験をしたそうです。施術前には、すべての子どもが感覚の異常や、情動面、対人関係の問題を抱えていましたが、タッチケアを受けたあとには、なんと！　感覚異常がなくなっただけでなく、情動面と対人関係の問題も軽くなっていたそうです。

タッチによって、愛情ホルモンのオキシトシンがいっぱい分泌されます。タッチされる側の効能を書いてきましたが、タッチする側も、同じく愛情ホルモンのオキシトシンが分泌されることも実証されています。タッチを体感された皆様は口々に、眠たくなる、幸せな気持ちになる、身体がポカポカしてくるとおっしゃいます。

ここで、私の体験をお話しします。

私の一人息子が求めていた愛の伝え方、彼へもっとも伝わる愛の伝え方のひとつに、このスキンシップがありました。

小さい頃の息子は、とにかく抱っこが大好きでした。抱っこされると泣きやんだり、抱っこすると笑顔になったり。母である私に限らず、周りのみんなからもたくさん抱っこされて育ちました。

人見知りが少なかった彼は、近所の人気者でした。ご近所の方々に、たくさん抱っこしていただいたのを今でも覚えています。

シングルマザーになってからは、自分一人だけではなく、たくさんの仲間や周りの方々に、可愛がってもらい子育てしてきました。寂しい思いはさせたくない、楽しい思い出をたくさん作ってあげたいと思っていました。それが、シングルマザーとして子育てしてきた私の生きる道だったようにも思います。

幼稚園の頃は、同級生のお友達の家族が、キャンプや温泉に連れて行ってくれました。母子2人でしたので、そうやって、キャンプに誘ってくれたり、温泉に誘ってくれるのが嬉しくて感謝の気持ちでいっぱいでした。おかげさまで、息子は、お友達のお父さんと一緒に男風呂で、身体や髪の毛を洗ってもらったり、雪解けの春には山菜採り、夏や秋にはキャンプ、冬には温泉と、たくさんの経験をさせてもらいました。今では、息子たちも20歳を超えて、自分たちで逢うようになっているので、家族で集まることはほとんどなくなり寂しい気持ちですが、子育てを一緒に悩んだり、笑ったりしながら過ごしてきた思い出は、息子にとっても、私にとってもかけがえのない大切な宝物となっています。本当に感謝しています。

ある時期から息子とのスキンシップは、抱っこのスキンシップから、背中のタッチや足のマッサージへ変化していきました。夜遅くまで立ち仕事のアルバイトをし、くたくたになって帰ってくる息子のリクエストは足のマッサージでした。あまりにも夜中過ぎて、眠たくて、そのリクエストに応えられない日もありましたが、私の父や母が、私の麻痺した腕を毎日マッサージしてくれたことを思い出しながら息子の足の裏をマッサージしました。

息子が愛を感じるのはスキンシップだと、このことを通してわかりました。大学生の今は、ハグをすることには抵抗があるようですが、いつか息子とおもいっきりハグしてスキンシップをとれるようになれたら嬉しいなと今から楽しみです。

今の私の大きな夢は、**『ワールドハグツアー』**へ行くことです。考えただけで、わくわくします。

マズローの人間の欲求5段階説の**超越的な自己実現者**となること。

マズローの言う「**注意を完全に保持するに足るような興味深い事柄に魅惑させられ、熱中し夢中になること』『わくわく自分の好きなことを見つけて熱中し夢中**

になることをしている人』になります。

時間とお金が自由になったら、大好きなパートナーや大好きな仲間達と一緒に、世界中の子ども達や大人のみなさんをハグしに行きたい。ハグして、私も、みんなも幸せホルモンのオキシトシンいっぱい、セロトニンいっぱいになっちゃおうと考えています。

一緒に行きたい！と思った方は、ぜひご一緒しましょう♪

《植木祐子と行く！ワールドハグツアー》お楽しみにしていてください。

ワーク❽

みんなでハートタッチ♡（二人一組になってタッチ）

まずは、一人が、相手の背中に添って両掌を指を揃えてタッチします。そして、ゆっくり、一秒間に5㎝動かすほどのスピードで、のの字をタッチしながら描いていきます。ゆっくり、ゆっくり。そして、その後、両掌をハートのように左右に開きながらタッチしていきます。それを５分間ほど続けます。その時、タッチしている方は、心の中で、『大好きだよ～』『生まれてきてくれてありがとう。』などと思いながらタッチしてみてください。すると、その想いが相手の潜在意識の中に届くと言われています。

大切な人への愛の伝え方　その3
～時間を共有することで愛を伝える

大切な人への愛の伝え方の3つめは、**『時間を共有する』**です。

この時間というのは、一緒に楽しむ時間を共有すること、例えば、一緒に買物に行く、キャンプへ行く、デートをするなど、まとまった長い時間を共に過ごすことです。

ここで重要なのは、100%の意識を相手に向けることです。そうすることで、

『自分のために大切な時間を割いてくれた！』

『自分だけのための時間を作ってくれた！』

と、愛を感じるのです。


幼稚園の先生時代、私は、お子さんが複数いるお母様方にこんなお話をしていました。

『兄弟、姉妹のそれぞれ一人ひとりの時間を持ってあげてね♪　お姉ちゃんもい

つも、ママのお膝を妹（弟）のために我慢したりしている。だからこそ、たまには、パパに妹（弟）を預けて、ママとお姉ちゃん（お兄ちゃん）の2人だけの時間を作ってあげることで、ママの愛を感じることができるから。』と。もちろん、姉（兄）だけでなく、違う日には妹（弟）との2人だけの時間を作ることも忘れずにね♪　と。

自分だけの時間を作ってくれたことによって、子ども達は、ママ（パパ）の愛をしっかりと感じます。子ども達は、言葉、スキンシップ、時間とそれぞれ違う愛の感じ方や受け取り方をしますが、小さな子ども達にとって、ママとの時間、パパとの時間はかけがえのないものです。しかも、自分だけに向けられた100%の意識と時間は、この上ない幸せの時間となります。それは子ども達だけでなく、私達大人でも同じです。共有する時間を過ごすことで愛を感じる人にとっては、相手への愛も一緒に過ごすことで強まり、絆が強まる時間となります。

あなたの大切な人が、言葉、スキンシップ、時間のうち、どこに愛を感じるのかを観察してみるのもよいかと思います。ぜひ、大切な人をじっくりと観察することをおすすめいたします。

大切な人への愛の伝え方　その4
～贈り物をすることで愛を伝える

　贈り物をされることで愛を感じる人もいます。いわゆるプレゼントです。サプライズでのプレゼント。嬉しいですよね。

　プレゼントを選ぶ時は、相手のために時間を使い、心を遣います。そんな相手の心遣いに、受け取る側は愛を感じます。そして、『贈り物』によって愛を感じる人は、『贈り物』をすることも大好きです。そして、『贈り物』をすることによって愛を表現します。

　しかし、愛を伝えるために次から次へとプレゼントをすることがいいというわけではありません。親子の場合は、物を与えすぎることも考えなくてはなりません。

　次から次へと物を欲しがる人は、この『贈り物』によって愛が伝わる人ではないことが多いのです。実はその他の『言葉』『スキンシップ』『時間』『サービス』によって愛が満たされていないので、『贈り物』によって自分の欲求を満たしているのです。だから、物を欲しがる相手（お子さん）は、本当はどの愛の伝え方をするのがいいのか、よく観察する必要があります。そして、本当の愛の伝え方をしてあげることによって、物欲がおさまり、本当の愛を感じることができるようになります。

私と息子のことをお話しします。小さい頃の息子は、物を集めることが大好きでした。その頃流行ったカードゲームのカードや犬の小さなぬいぐるみ、自動車のミニカー、虫のカードなどなど、とにかく物を欲しがっていました。私も、フルタイムで働いていたので、息子に寂しい想いをさせているのではないかと申し訳なさも手伝って、息子の欲しがる物をついつい買ってあげていたように思います。今となれば、その行動は、スキンシップや時間、サービスなどの他の愛の欲求が満たされていなかったからなのかと推測できますが、当時の私は後ろめたさもあり、物を買い与えることはよくないと思いつつも、とにかく、プレゼントによって愛が満たされるならと思っていたようにも思います。

今の息子は、アルバイトもし、お金をいただくことのありがたさも学び、自分のバイト代の中から、自分のものを買うようになっていますので、物を集めたり、たくさん買うことは少なくなりました。本当に欲しいものは、高額でも自分のバイト代から買っているようですが。

『贈り物』によって愛を感じる人は、贈り物をすることも好きなので、その人から贈られた物を粗末にされることも、自分を大切に扱われていないと感じてしまうので、気をつけなくてはならないと、チャップマンは言っています。

大切な人への愛の伝え方 その5 ～サービスをすることで愛を伝える

『サービス』をすることで愛を感じる人もいます。

この『サービス』とは、『自分がして欲しいことをしてくれる』ということです。『相手のしてほしいことをしてあげる』それが、『サービス』で愛を伝えるということです。私の息子は、前にも書いたように『スキンシップ』が愛を感じる方法でした。しかし、彼は、もう一つ、『サービス』によって私の愛を感じているのだとわかりました。

ひとりっこの彼は、自分のしてほしいことをしてもらえると、とても喜びました。親としては、自立と依存、ヘルプとサポートを考えて『サービス』を行わなくてはなりません。小さい時は、私が仕事で遊んであげられなかったり、母に息子の世話を頼んでいたので、たまのお休みの時は、息子のしてほしいことをしてあげよう！　また、習い事などの送り迎えも、少しの時間でも彼をサポートしようと思っていました。それでも、この『サービス』における愛は、彼には伝わっていないかもしれないな～と感じています。息子が求めるサービスをしてくることができなかったのではないかと、今でも子育て時代を振り返っています。まだまだ、母親として発展途上の私です。

ここで、『ヘルプ』と『サポート』の違いを少しお話しましょう。
例えば、ある発展途上国の人がお腹をすかせて困っていたとします。その人へ

『ヘルプ』をするということは、その人へお野菜や果物、お肉など食べ物を送ってあげて、空腹を満たしてあげることです。これは、よく考えると、その人の生きる力を信じていないように思います。なにもできない事が前提のように感じます。しかし、『サポート』は違います。サポートは、その人の生きる力を信じて、その人へお野菜の作り方や農作物の作り方を教えてあげることです。相手の力を信じているからこそ、自分たちで生きる術を伝える。その人なら大丈夫‼という想いが前提となっています。もちろんヘルプが必要な時もありますが、食べ物を渡すだけでは問題は解決しません。これからのその人の未来を考えると、農作物の育て方を教えることによって、その人の未来が開けます。自分たちで作物を植え育てます。そして、その作物を食べることも、作物を販売してお金を手に入れることもできるようになります。

このように適切なサポートは、

『その人の生きる力、その人の持てる力を信じ切ること』

から始まります。大切な人の生きる力を信じ切って！　相手の求めるサポートとしての『サービス』をしていくことで、相手は愛されていることを実感し、より深い絆や愛で結ばれていきます。

✦ 愛するということ

私の『愛すること』の原点は、神様の愛を信じることから始まっています。神様に愛されていることを信じているからこそ、自分を信じ、相手を信じることができています。

私の父も母もクリスチャンホームで育ちました。母方の祖父岩井克彦は、立教大学、聖路加国際病院などの関連施設をもつ日本聖公会の首座主教を務める牧師をしていました。私は、生まれた時に洗礼を受け、家の隣の教会へ毎週母に連れられて行きました。幼い頃の遊び場は、教会と幼稚園の庭でした。教会で私は、たくさんの愛を知りました。

『目に見えない存在を信じること』

目に見えない神様の存在を感じ、つらい時も、悲しい時も、孤独を感じる時も、一人ではないこと、神様がいつも見守ってくれていることを感じていました。

19年前に父が亡くなってからは、父も天国で神様と一緒に見守ってくれていると感じながら、なにかあるたびに空を見上げています。この本のことも、天国で父が喜んでくれていると思います。そして、おかげさまで元気でいてくれている母と2人で『よくがんばってきたね』と、めいっぱい褒めてくれることと思います。『目に見えない存在』に愛されていることを感じられることは幸せです。

無償の愛、祈りで愛を伝える

よく親と子の愛は、『無償の愛』だと言われています。見返りを求めない愛だとも言われています。それは、パートナーシップにおいても大切です。あるがままの存在を認めること、あるがままの存在を愛すること。見返りを求めずただただ相手の幸せを祈ること。

愛について、チャップマンの5つの愛を伝える方法があることを書いてきましたが、最後にもうひとつ、『祈りで愛を伝える。』ということをお伝えしたいと思います。

白鳥哲監督の『祈り〜サムシンググレートとの対話』という映画があります。白鳥監督は、脳腫瘍を患っていました。たくさんの症状が出ている中、ある日、不思議と症状が軽減し気分が良い日がありました。何日か経って監督は、嬉しい驚愕の事実を聞かされます。気分が良くなったその日その時間、白鳥監督のために、千羽鶴を折りながら、祈っている人たちがいたのです。監督は、まさに『祈りが時空を超えて体の細胞までにも影響をおよぼしたのだ！』と体感されたそうです。

私は、毎日祈っています。それは、クリスチャンだからでもありますが、祈りの素晴らしさ、祈ることで心が救われる体感を子ども達とたくさんしてきたからです。誰かのことを思って祈る。自分のことを祈る。ただただ感謝の祈りをする、その日によって様々ですが、祈ることで自分の心も鎮まり、相手の幸せを祈ることで、相手への想いも深まり、そして、白鳥監督が感じたように、想いが時空を超えて相手に届くように感じます。

ママお祈りしてあげるよ！

私の教え子の話をさせてください。今では、すっかり大きくなった彼が幼稚園生だった時のエピソードです。私の働いていたキリスト教の幼稚園では、毎日、自由遊びのあとに、お祈りの時間がありました。その幼稚園では、外で身体をいっぱい使って遊ぶ『動の時間』と、静かに神様に、友達のこと、家族のこと、そして世界の人たちのことを祈る『静の時間』を大切にしていました。子ども達の心を育てるには、身体をめいっぱい使い自然の中で心を解放させる『動の時間』も、目に見えない存在に畏敬の念を持ち、家族、友達、世界中の方々への愛を育てる『静の時間』も、両方大切なことだと私は思います。

ある日のことです、私のクラスのママから、こんなお話を聞きました。

そのママが具合悪くなり、お布団に横になっていた時のことです。息子であるその男の子が、ママのそばにきて言いました。

『ママ。大丈夫？　あのね、僕がお祈りしてあげるよ。』

『えっ！　お祈りしてくれるの？』

『うん。幼稚園で毎日、祐子先生と神様にお祈りしているよ。お休みした○○くんのこと早く治してください。早くよくなりますように……って。だから、僕、ママのためにお祈りする！』

『ありがとう。』

そう言って、彼は、両手を胸の前であわせてお祈りし始めたそうです。それをそばで聞いて、息子の成長と優しさに涙がこぼれてきたとママは、私に話してくださいました。


『誰かのために祈る』


祈りの想いは、時空を超えてその方へ届きます。

大切な人への愛を祈りにのせて届けてみてください。あなたの愛がその方へ届きます。『祈ること』、それは、見返りを求めない無償の愛、究極の愛の伝え方なのではないでしょうか。

一緒に祈りたい

もうひとつ、『祈り』についてのエピソードをお話させてください。

息子に祈ってもらったママ。その後も彼は、教会の子ども聖歌隊に入って、一緒にたくさんの行事に参加していました。そんな時、ママが久しぶりに教会へ彼をお迎えに来てこう言いました。

『祐子先生、先生と一緒に、礼拝堂でお祈りがしたいんです。一緒に祈ってくださいますか？』と。実はそのママは、もうすぐ手術をすることになっていました。きっと、不安と恐れがあったのでしょう。私と礼拝堂で一緒に祈りたいと言ってくれました。

『一緒に祈りましょう。』

静かな礼拝堂で、神様に祈りを捧げたこと。今でも忘れません。

そして、クリスチャンではないママが、私と一緒に礼拝堂で祈りたいと思ってくれたことは、彼女の息子が毎日お祈りしている姿や、自分のために祈ってくれ

私の友人の佐藤悠さんが書いてくれました。

たことを体験し、祈ることの素晴らしさを感じてくれた証だと思っています。それは、キリスト教保育に携わってきた保育者として、この上ない幸せです。たくさんの子ども達に神様の愛を伝えること、23年間、私が大切にしてきたことでもあります。このエピソードは、今後の私の使命に気がついたきっかけにもなりました。

『私は、世界中に愛を伝えたい。』

『愛することの素晴らしさを伝えたい』

と心から思っています。

おわりに

自分を愛しなさい。
そうすれば
道は開かれる

自分を褒めること
自分を認めること
自分を信じ切ること
そして、自分を愛すること。

私は、本当にたくさんの方々に支えられています。19年前。離婚という人生のどん底を味わったときも、今は亡き叔父が、児童会館の仕事をすぐに紹介してくれました。そのおかげで、すぐに私はお仕事に就くことができました。教会では、当時の司祭が息子と私のことを祈ってくださいました。あの日のことは、今でも鮮明に覚えています。そして、大好きな自分の母園に仕事復帰することもできました。

それからの19年は、無我夢中で生きてきました。息子が幼稚園までは、たくさんの時間を一緒に過ごしていましたが、幼稚園に復帰してからは、夜の時間しか一緒に過ごせませんでした。夜の時間も、クタクタになっていた私は、息子に絵本を読んでいるうちに先に眠ってしまい、よく息子に怒られました。寝かしつけをしてから、ハッと夜中に起きて持ち帰りの仕事をしたり、ヘッドホンをつけてカタカタと夜中の3時にピアノ練習もしました。今思い出しても、その当時の息子の日々の生活について思い出すことができません。小学校1年生から6年生までの息子が、日中どのように生活していたのかが、まったく思い出せません。人並みに旅行をしたことなどは覚えていますが、日々の暮らしを息子がどう暮らしていたのかが思い出せない私がいます。無我夢中に働き、無我夢中に生きていたのだと思います。

そんな生活を続けてこられたのも、母が掃除や洗濯、日々のごはん作りをしてくれていたことや、妹、弟たちが息子が寂しくならないようにと遊んでくれたこと、そして、教会や学生時代の友達がいつも笑顔で私達親子を迎え入れてくれた背景があったからです。

この本の出版も、数えきれないご縁で実現しました。

同じ学びをしている仲間たちが次々に出版をし、たくさんの方々へ想いを届けている姿を見て、**『私もいつか！　私の命の分身の言葉を世界中の方々に届けたい。』**そんな想いが溢れてきました。

『私の生きた証を残したい。』

私がここに生きていた証を残したいと思いました。

そして、私が人生で学んできたことをみなさんにお伝えすることで、少しでもみなさんの心がほっこりしたり、ご家族やパートナーとますます仲良くなれたり、自分自身と向き合い、自分に愛を伝えるきっかけになれば。そんな本を届けられたらと、ずっとずっと考えていました。

本の中にも登場している恩師の坂本勤先生にも、背中を押していただきました。

今では、北海道内での子育て講演会や読書会でひっぱりだこの坂本先生は、中学校の先生を定年退職されたあと、自費出版で本を出されたそうです。自分の本を本屋さんにおいて欲しいと、何軒も何軒も足を運び、最初の本は、たった一軒の本屋さんが置いてくれたことから始まったそうです。そして3年の歳月が流れ、先生の活動は北海道新聞社の方の目に止まります。今では、北海道新聞社から『タマゴマンのもと』他多数の本を出版されています。先生は、私が読書会の主催をさせていただいた時にこの話をしてくださり、

『あなたも本を書きなさい。そして、一軒一軒置いてもらえるように本屋さんを訪ねるといいのです。あなたなら、できる。やってみなさい。』

そうおっしゃってくださいました。60歳を過ぎてからの恩師の挑戦の物語を聞いて、まだまだ私もチャレンジできる！　やってみよう！　と思いました。

今回、ご縁をいただき、私の想いをいつも応援してくださっている、みらいパブリッシングの松崎義行さんに、『ぜひ、本を一緒に作りましょう。』とお声をかけていただきこの本は実現いたしました。

ここに至るまでには大好きな札幌の仲間の中村昭子ちゃんとの出逢いから始まりました。そして、あこちゃんから、実は、高校の1つ先輩でいらっしゃる、古川奈央さんとの出逢いがありました。奈央さんは、札幌にある、詩人・谷川俊太郎さん公認のカフェ『俊カフェ』のオーナーであり、ご自身も本を出版されている、フリーのライターさんでもあります。そして、あこちゃんとなおさんからのご縁で、松崎さんと出逢い、また不思議なことに、松崎さんとご縁の深い、Jディスカヴァーの城村典子先生とのご縁もありました。松崎さんも、城村先生も、そして、なおさんも、いつもどんなときも、

『祐子さんならできる。諦めないで、素晴らしい本を作っていきましょう。』

『植木さんの想いをのせた、渾身の一冊を作っていきましょう。』

と励まし導いてくださいました。

ただただ、諦めずにコツコツ、亀の歩みかもしれないけれど前に進んできました。

今私は、本当に周りのみなさんに支えていただき、生きていることを実感しています。

まだまだ、感謝の気持ちを伝えたい人がたくさんいます。

私をいっぱいいっぱい愛してくれた教え子達と、幼稚園を退職しても応援し続けてくれている、たくさんのママとパパ達。どんな時も私を応援しつづけてくれた、たくさんの仲間達。本当に、私は、周りの人に恵まれていると実感しています。

苦しいときも悲しいときも支えてくれた息子と妹と弟家族。

そしてなにより、私を産み育ててくれた、父吉井亮、母吉井頼子に心からの感謝を、この場を借りて伝えさせていただきます。

『お父さん、お母さん、ありがとう。』

これからも、亡くなった父の分まで、母に親孝行ができたらと思っています。

母の夢である、アッシジ巡礼の旅を、母が元気なうちに一緒に行ってこられたらと思っています。

最後に……ここまで読んでくださった皆様に贈ります。

『自分をいっぱい褒めてあげること。
自分を認め、自分の力を信じ切ること。
そして、なにより……めいっぱい自分を抱きしめて愛すること。
そうすれば、必ず〝あなただけの輝く人生〟が実現します！』

どうか、私の本が、少しでも、皆様の人生を輝かせるお手伝いができますように。
これからの皆様の人生がキラキラ光り輝きますようにお祈りしています。
愛を込めて。

２０１９年８月
for your smile ～あなたの笑顔のために
植木祐子

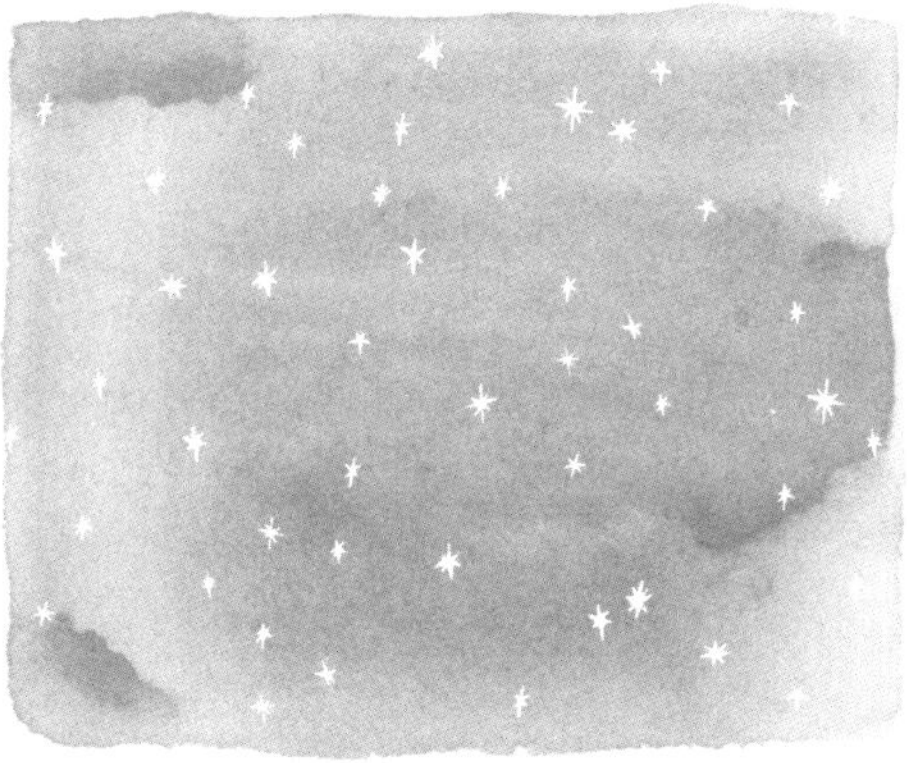

参考文献
サンマーク出版『水は答えを知っている』江本勝
北海道新聞社『タマゴマンは中学生』坂本勤
二見レインボー文庫『笑いは心と脳の処方箋』昇幹夫
草思社『人は皮膚から癒される』山口創
草思社『手の治癒力』山口創
岩波書店『科学』2015年6月号 Vol.85 No.6
連載　ちびっこチンパンジーと仲間たち〈162〉『チンパンジーに学ぶヒトの笑顔の意味』川上文人・林美里・友永雅己
築地書館『子どもに愛を伝える方法』田上時子＋エリザベス・クレアリー
マズロー5つの欲求について
https://jibun-compass.com/maslow

産能大出版部：改訂新版 (1987/3/10)『人間性の心理学』A.H. マズロー（著）・小口忠彦（訳）
マザー・テレサの言葉
TED エイミー・カディ「ボディランゲージが人を作る」

読者のみなさまへプレゼント
メルマガ登録の方全員へ

特典 1
ちょっぴり自分が大好きになる方法１～５音声プレゼント
※データでのお渡しになります。

特典 2
植木祐子ほめシャワー ワークシート
ご家族、同僚、お仲間と一緒に、褒め合いっこをする際にご活用ください♪
※データでのお渡しになります。プリントアウトしてご活用ください。

「世界中に愛を伝える♡植木祐子のメルマガ」
https://1lejend.com/stepmail/kd.php?no=IRnMvtpjy
メルマガ登録の QR コードはこちら→

植木祐子
Yuko Ueki

エグゼクティブ・マインドコンサルタント
臨床発達心理士＆保育コンサルタント

1969年、札幌生まれ。私立幼稚園にて教諭、主幹教諭、特別支援教諭、臨床発達心理士として合計23年間勤務。のべ約3,000人の親子との関わりの中で、「ありのままの存在を認められ愛されること」「笑顔で生きること」「褒めることと褒められることで安心感や自己肯定感が大きく伸びること」を実感。保護者との個別相談などにも従事し、医師や療育機関の指導員、公的機関との連携にもファシリテーターとしての力を発揮する。現在は臨床発達心理士＆保育コンサルタントとして、保育園に赴き活動。

またこれから、コーチングやカウンセリング、心理学、脳科学を学んだコンサルタントとして、企業経営者向けのマインドコンサルティングを提供予定。

「ハートフルマスター講座」「夢実現コンサルティング」ほか講座も開催。

コーチングプラス認定子育てコーチ、絵本セラピスト協会認定絵本セラピスト®、ほめ育インストラクター、パステルシャインアートセラピストなどの資格あり。


大好きな言葉は「大切なのは、どれだけたくさんのことをしたかではなく、どれだけ心をこめたかです」（マザー・テレサ）

大切《たいせつ》な人《ひと》への愛《あい》の伝《つた》え方《かた》

褒《ほ》める、認《みと》める、信《しん》じ切《き》る、愛《あい》すること～

2019年8月26日　初版第1刷

著者：植木祐子
発行人：松崎義行
発行：みらいパブリッシング
〒166-0003 東京都杉並区高円寺南4-26-12 福丸ビル6F
TEL：03-5913-8611　FAX：03-5913-8011
企画協力：Jディスカヴァー
編集：古川奈央
ブックデザイン：堀川さゆり
発売：星雲社
〒112-0005 東京都文京区水道1-3-30
TEL：03-3868-3275　FAX：03-3868-6588
印刷・製本　株式会社上野印刷所

ISBN978-4-434-26470-2 C0095